［第3版］

Anti-Money
Laundering and
Counter Financing of
Terrorism

金融機関行職員のための

マネー・ローンダリング対策Q&A

弁護士法人 中央総合法律事務所
國吉雅男 金澤浩志 髙橋瑛輝 ［著］

JN123120

経済法令研究会

は じ め に

　本書は、主に金融機関の営業店・営業部門に属する職員の方々に向け、金融機関における重要課題となっているマネー・ローンダリング・テロ資金供与（マネロン・テロ資金供与）対策について正しく理解していただくために、「犯罪による収益の移転防止に関する法律」（犯収法）や、金融庁の「マネー・ローンダリング及びテロ資金供与対策に関するガイドライン」（ガイドライン）で求められる措置等、マネロン・テロ資金供与対策として特に重要なポイントを、できるかぎりわかりやすく解説したものです。

　金融システムは、各金融機関が行う送金・決済・振替などの様々な機能が集積して、資金の流れを形成し、わが国だけではなく、グローバルなネットワークを構築しています。

　このような金融システムに参加している金融機関が、ひとたびマネロン・テロ資金供与に利用されれば、金融システム全体に甚大な影響を及ぼす危険があります。

　そのため、金融システムの参加者である各金融機関は、自ら行う取引がマネロン・テロ資金供与に利用されないよう、強固なリスク管理態勢を構築する必要があります。

　また、マネロン・テロ資金供与を行おうとする者は、何とか金融機関のリスク管理態勢の隙をつこうと、手を変え品を変え、新たな手法を駆使します。そのため、リスク管理態勢については、各地におけるマネロン・テロ資金供与の状況や各国の規制当局の動向も踏まえ、常に改善を図っていく必要があります。

　マネロン・テロ資金供与を防ぐために最も重要なことは、営業店や営業部門に所属し、顧客と直接接触する職員の方々が、「この取引は、通常一般に行われる取引ではない、どこかおかしい」、「この顧客の資産・収入状況からして、このような高額の取引が行われるのはどうも不自然だ」というように「気づき」を持つことです。

そのためには、金融機関に属するすべての職員の方々が、自らの職務に関わりを持つマネロン・テロ資金供与のリスクおよびその対策を正しく理解することが不可欠です。

　本書初版の発刊以降、金融庁によるモニタリングの推進、FATF第4次対日相互審査の実施、ガイドラインや犯収法施行規則の数度にわたる改正など、マネロン・テロ資金供与対策をめぐる環境は絶えず変化しています。本「第3版」の発刊時点では、引き続き、FATFの審査結果報告書の採択・公表が待たれる段階ですが、その公表後には、評価結果を踏まえたさらなる変化が見込まれます。金融機関としては、最新の動向を注視しながら、引き続き不断の高度化を図ることが求められていくことでしょう。

　そうした中において、本書が、マネロン・テロ資金供与対策に関わる読者の実務の一助となることを祈念しています。

2021年4月
弁護士法人 中央総合法律事務所
著者を代表して　弁護士　國吉　雅男

CONTENTS

第4章　疑わしい取引の届出

第5章 海外取引を行う場合の留意点

《凡　例》

本書では、下記の法令名等の略称を用いて解説しています。

- 犯罪による収益の移転防止に関する法律
  ……犯罪収益移転防止法、犯収法
- 犯罪による収益の移転防止に関する法律施行令
  ……犯収法施行令
- 犯罪による収益の移転防止に関する法律施行規則
  ……犯収法施行規則
- 外国為替及び外国貿易法
  ……外為法
- 組織的な犯罪の処罰及び犯罪収益の規制等に関する法律
  ……組織的犯罪処罰法
- 国際的な協力の下に規制薬物に係る不正行為を助長する行為等の防止を図るための麻薬及び向精神薬取締法等の特例等に関する法律
  ……麻薬特例法
- 電子署名及び認証業務に関する法律
  ……電子署名法
- 電子署名に係る地方公共団体の認証業務に関する法律
  ……公的個人認証法
- マネー・ローンダリング及びテロ資金供与対策に関するガイドライン（令和3年2月19日、金融庁）……ガイドライン
- 「犯罪による収益の移転防止に関する法律の一部を改正する法律の施行に伴う関係政令の整備等に関する政令案」等に対する意見の募集結果について（平成27年9月、警察庁）
  ……平成27年パブコメ回答
- 「マネー・ローンダリング及びテロ資金供与対策に関するガイドライン（案）」及び「主要行等向けの総合的な監督指針」等の一部改正（案）に対するパブリックコメントの結果等について（平成30年2月6日、金融庁）
  ……平成30年パブコメ回答
- 「マネー・ローンダリング及びテロ資金供与対策に関するガイドライン」の一部改正（案）に対するパブリックコメントの結果等について（令和3年2月19日、金融庁）
  ……令和3年パブコメ回答

他、一部、「マネー・ローンダリング」を「マネロン」と略記しています。

第1章

マネー・ローンダリング対策総論

Q&A

Anti-Money
Laundering and
Counter Financing of
Terrorism

Q1

マネー・ローンダリングとは、どのような行為ですか。また、マネロン対策が求められている理由は何ですか？

> (A) マネー・ローンダリングとは、違法な行為による収益の出所を隠すことです。マネロン対策が求められる理由は、資金面から犯罪組織および犯罪行為を撲滅するためです。

1. マネー・ローンダリングとは

　マネー・ローンダリング（Money Laundering：資金洗浄）とは、違法な行為による収益の出所を隠すことをいいます。例えば、違法薬物の密売人が密売代金を偽名で開設した金融機関の口座に隠匿したり、詐欺や横領の犯人がだまし取ったお金や不法領得した資金を、複数の預貯金口座に転々と移動させたりするなどの方法により、その出所をわからなくするような行為を指します。

2. マネー・ローンダリングはなぜ問題か

　マネー・ローンダリングにより、本来は犯罪収益として表の世界（合法的な経済活動の舞台）に出せないようなお金を表の世界で堂々と使うことが可能となります。組織的な犯罪行為には資金が必要ですが、マネー・ローンダリングを放置してしまうと犯罪組織が自由に使える資金を手にすることになります。また犯罪組織が犯罪収益を合法的な経済活動に投入し、その支配力を及ぼすことで更に勢力、権力を拡大するおそれもあります。

　そのため、マネロン対策を的確に行って、資金面から犯罪組織、犯罪行為の撲滅を目指すことが必要となります。

　特に近年は、合法的な経済活動だけでなく、犯罪や犯罪収益についても容易に国境を越えて行われ、また国際的な移動などクロスボーダー化が進んでいます。そのため、一国のみが規制を強化しても、犯罪収益は規制の

【図表1】マネー・ローンダリングとは

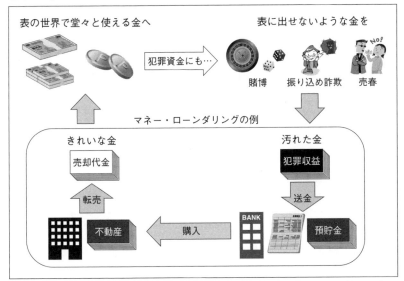

（出所）JAFIC「マネー・ローンダリング対策のための事業者による顧客管理の在り方に関する懇談会」第1回配布資料（平成22年2月5日）

より緩やかな国へ移転していってしまうため、マネー・ローンダリング対策を実効性のあるものとするには、国際的な協調が不可欠となっています。

3. 急がれる金融機関のマネー・ローンダリング対策

　こうしたなか、マネー・ローンダリング対策に関する政府間会合であるFATF（Financial Action Task Force：金融活動作業部会）は、参加国が遵守すべき国際基準（勧告）を定め、各国の実施状況の審査等を行っています。わが国は、平成20（2008）年、FATF第3次対日相互審査において数多くの不備事項の指摘を受け、以降、犯収法の2度にわたる改正等によりこれに対応してきました。令和元（2019）年のFATF第4次対日相互審査においては、法令の整備状況等の形式面に加え、金融機関等が実施しているマネロン等対策の「有効性」が審査対象となることから、各金融機関においては、マネロン等対策にかかる態勢整備が急務とされてきました（詳細はQ3参照）。

Q2

マネロンによる犯罪収益の移転を防止するために、金融機関に求められる対策の要点を教えてください。

A ①犯収法による取引時確認等の義務付け、②外為法による本人特定事項の確認等、③「マネー・ローンダリング及びテロ資金供与対策に関するガイドライン」および監督指針によるリスク管理態勢の構築・維持が対策の要点となります。

1. マネロン防止のための顧客管理措置

　マネー・ローンダリングによる犯罪収益の移転を防止するためには、①これに利用されるおそれのある事業者が適正な顧客管理措置を講ずることにより、そのリスクを抑制するとともに、②これらの犯罪が行われた場合における資金トレースを可能とし、当該犯罪の実態解明や検挙に資する仕組みを構築することが有益です。

2. 犯罪収益移転防止法による規定

　そのため、わが国の犯罪収益移転防止法（犯収法）では、金融機関等の特定の事業者（以下、「特定事業者」）について、以下の措置を講じることを義務付けています。

① 顧客管理措置として一定の取引を行う際に顧客等の本人特定事項等を確認するとともに（取引時確認の実施）、当該確認記録と当該取引に係る記録等を保存しなければならないこと
② 業務において収受した財産が犯罪による収益である疑いがある場合等には行政庁に届け出なければならないこと（疑わしい取引の届出の実施）

　また、特定事業者は、自らの上記義務の履行のため、顧客等に対し取引時確認事項の申告を求めますので、犯収法により、顧客等は、取引時確認

【図表2】犯収法上の義務付け

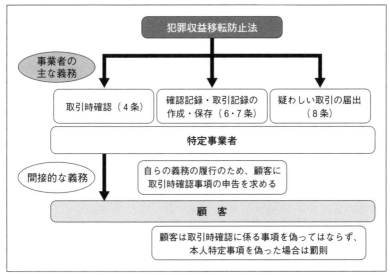

（出所）JAFIC「マネー・ローンダリング対策等に関する懇談会」第1回配布資料
（平成25年6月12日）

事項について偽らずに真実の内容を特定事業者に申告しなければならない
義務を負っています。

3．外為法による本人特定事項の確認等

　外為法は、対外取引の正常な発展とわが国または国際社会の平和および
安全の維持、ならびにわが国経済の健全な発展に寄与することを目的とし
た法律です。この外為法においては、資産凍結等経済制裁措置の実効性を
確保する目的で、金融機関による本人確認義務や適法性の確認義務が定め
られています。

4．ガイドライン・監督指針によるリスク管理態勢の構築・維持

　金融庁は、平成30（2018）年2月6日、金融庁所管の金融機関等を対象
とした「マネー・ローンダリング及びテロ資金供与対策に関するガイドラ
イン」（以下、「ガイドライン」）を策定し、あわせて各監督指針を一部改

正しました。

　これにより、各金融機関は、犯収法に基づく取引時確認等の措置に加え、本ガイドラインに基づくリスクベース・アプローチ等を的確に実施するための措置や態勢整備が求められることになりました。

　その後、平成31（2019）年4月10日および令和3（2021）年2月19日にはガイドラインが改正され（Q6・Q7参照）、同年3月26日には、これまで蓄積されてきたガイドラインの各項目に対する質問と回答がとりまとめられ、「マネロン・テロ資金供与対策ガイドラインに関するよくあるご質問（FAQ）」として公表されました。その中では、145ページにわたり、ガイドラインの各項目で求められ、または期待される対応の目線や解釈が示されています。各金融機関としては、こうした動きにも迅速に対応していくことが求められます。

金融庁が、金融機関に対してマネロン対策の強化および態勢整備の高度化を促している理由を教えてください。

A わが国については、令和元（2019）年にFATF第４次対日相互審査が行われましたが、審査に向け、当局および金融機関が、官民一体で早急にマネー・ローンダリング等対策の態勢整備を強化する必要があったことが大きな理由の一つです。しかし、審査後もマネロン等対策の必要性および重要性は変わりませんので、引き続き対応が求められます。

1．FATF第４次対日相互審査

　わが国では、FATFによる平成20（2008）年の第３次相互審査において、法制度上の不備事項の指摘を受けて以降、犯収法の立法や改正など対応の高度化が図られてきました。令和元（2019）年には、FATF第４次対日相互審査が実施されました。

　具体的には、わが国は、まず審査員に対し「法令整備状況に係る申告書」と「有効性に係る申告書」を提出した後、これらの申告書について審査員により書面審査が行われ、10月から11月にかけてオンサイト審査が実施されました。

　そして、これらの書面審査、オンサイト審査を踏まえ、審査員により審査報告書の第一次案が作成され、対面会合を経て、報告書案の内容がほぼ確定し、審査報告書が討議され、採択されることとなります。当初の予定では、この討議・採択は2020年６月の予定でしたが、コロナ禍の影響を受け、本書発刊時点では2021年６月に延期されています。

　オンサイト審査に向け、わが国の金融機関は、「有効性に係る申告書」の作成に当たって当局等の求めに応じ必要な情報を提供する必要があったほか、オンサイト審査の対象となる金融機関はわが国の特定事業者の代表

として適切に対応する必要があったことから、早急にマネー・ローンダリング等対策の態勢整備を行わなければなりませんでした。

　金融庁においても、平成30（2018）年2月2日、マネロン・テロ資金供与対策体制強化の一環として、マネロンやテロ資金供与対策に係るモニタリングの企画等を実施する「マネーローンダリング・テロ資金供与対策企画室」を設置するなど、官民一体で審査に臨む必要があったのです。

2．FATF第4次審査の特徴

　これまでのFATF審査においては、技術的遵守状況（TC：Technical Compliance）のみが審査の対象となっていましたが、第4次審査では技術的遵守状況に加え、有効性（Effectiveness）も審査の対象とされました。

　技術的遵守状況とは、FATF勧告の内容に即して法令の整備がなされていること、すなわちFATF勧告の内容が法令の形で法的拘束力をもって実現されていることであり、その審査は形式的なものです。しかし、第4次審査では、この技術的遵守状況に加え、国ベースでのリスクの理解と調整の実現度、有効性のほか、金融機関等によるリスクに応じた対応の実現度、有効性についても審査の対象とされることとなっています。

　技術的遵守状況は、C（Compliant）、LC（Largely Compliant）、PC（Partially Compliant）、NC（Non Compliant）の4段階で評価され、また、有効性審査では、11の直接的効果（Immediate Outcomes）の実現度・有効性がH（High level of Effectiveness）、S（Substantial level）、M（Moderate level）、L（Low level）の4段階で評価されます。

　その直接的効果の1つとして「金融機関等がAML/CFT（Anti-Money Laundering / Counter Financing of Terrorism）の予防措置についてそのリスクに応じて的確に講じており、疑わしい取引を報告していること」（直接的効果4）があり、その主要課題として、以下の点が挙げられています（下線筆者）。

> 1．金融機関等は、<u>自己のML/TF（Money Laundering / Terrorist Financing）リスク及びAML/CFTの義務をどの程度よく理解しているか</u>

2．金融機関等は、<u>自己のリスクに見合ったリスク軽減措置をどの程度よく適用しているか</u>

3．金融機関等は、<u>顧客管理措置及び記録保存措置（実質的支配者情報及び継続的モニタリングを含む）をどの程度よく理解しているか</u>

4．金融機関等は、<u>以下に対する強化された措置又は特別の措置をどの程度よく適用しているか</u>
　　ａ．PEPs　　　　　　　　ｂ．コルレス銀行
　　ｃ．新しい技術　　　　　　ｄ．電信送金規則
　　ｅ．TF関係者への金融制裁　ｆ．FATFが特定した高リスク国

5．金融機関等は、<u>犯罪収益と疑われるものやテロ支援を疑われる資金について、報告義務をどの程度果たしているか</u>。内報を防ぐ現実的方策は何か

6．金融機関等は、<u>AML/CFTに対する義務を履行するため内部管理及び手続を（グループレベルを含め）どの程度よく適用しているか</u>

（出所）JAFIC「マネー・ローンダリング対策等に関する懇談会（平成26年7月）報告」抜粋

　金融庁が各金融機関に対し、リスクベース・アプローチによるマネー・ローンダリング等対策の高度化（各金融機関のビジネス環境等を踏まえたリスク評価、組織横断的な緊密な連携、戦略的な人材確保・教育・資源配分等）を求めているのは、上記FATF勧告の内容およびFATFの評価手法を踏まえてのものです。

　各金融機関においては、FATF勧告が掲げるリスクベース・アプローチの内容およびその評価手法を十分に理解の上、実効的なリスクベース・アプローチの実践に取り組む必要があります。

3．FATF審査後のフォローアッププロセスへの対応の必要性

　もっとも、マネロン等対策は、単にFATF審査があるからという理由で行われるものではありません。審査後も、その必要性や重要性は変わることはありませんし、また、審査結果を踏まえたフォローアッププロセスにも対応していく必要がありますので、引き続き、不断の対応、高度化が求められることに留意しなければなりません。

金融庁が策定した「マネー・ローンダリング及びテロ資金供与対策に関するガイドライン」について教えてください。

> (A) マネー・ローンダリング及びテロ資金供与対策に関するガイドラインは、①金融庁所管の金融機関等を対象とするものであり、②リスクベース・アプローチによるマネロン等リスク管理態勢の構築・維持を、わが国の金融システムに参加する金融機関等にとっては、当然に実施していくべき事項（ミニマム・スタンダード）として位置付けていること、③マネロン等対策における経営陣によるコミットメントの重要性が強調されていること、④「対応が求められる事項」と「対応が期待される事項」を明確に区別して、金融機関に対し対応を求めていること等に特徴があります。

1．ガイドラインの位置付け

　金融庁が平成29（2017）年11月に公表した平成29事務年度の金融行政方針においては、国際的な金融規制に関する対応および当局間のネットワーク・協力の強化の1つとして、マネロン等対応が挙げられました。

　具体的には、以下のように、金融庁が実効的な態勢整備のための金融機関向けのガイダンスの公表等を行い、各金融機関・業態におけるマネロン等のリスクを分析・評価し、そのリスクに応じたモニタリングを行うことが盛り込まれました（下線筆者）。

> 　マネー・ローンダリングやテロリストへの資金供与を未然に防ぐためには、各国が協調して対策を講じ、それを的確に実施することが重要であり、特に地政学的リスクの高まりや世界各地におけるテロの頻発を踏まえ、我が国においても、その高度化が求められているところである。
> 　2019年に予定されている第4次FATF対日相互審査も見据え、官民双方が連携して、マネー・ローンダリングやテロ資金供与に利用されな

> い日本の金融を実現するための体制を強化することが重要である。
> 　このため、金融庁においては、庁内に横断的なチームを整備し、関係省庁や関係機関等との連携を更に進めつつ、実効的な態勢整備のための金融機関向けガイダンスの公表等を行う。さらに、当局として、各金融機関・業態におけるマネー・ローンダリング等のリスクを分析・評価し、そのリスクに応じたモニタリングを行う。
>
> （出所）金融庁「平成29事務年度　金融行政方針」（平成29年11月）

　その後、金融庁は平成29（2017）年12月8日に「マネー・ローンダリング及びテロ資金供与対策に関するガイドライン（案）」を公表、パブリックコメントを経て、平成30（2018）年2月6日に「マネー・ローンダリング及びテロ資金供与対策に関するガイドライン」の策定に至りました。本ガイドラインは、上記の金融機関向けガイダンスの1つと位置付けられるものです。

　また、ガイドラインは、主要行等向けの総合的な監督指針等の一部改正と合わせて策定されており、監督指針等の一部改正においては、各金融機関に対し、犯収法に基づく取引時確認等の措置に加え、ガイドラインに基づくリスクベース・アプローチ等を的確に実施するための措置や態勢整備を求める内容の改正が記載されています。

　そのため、各金融機関は、ガイドラインを監督指針と一体となって監督指針の内容を構成するものとして捉え、これを遵守する必要があります。

2．ガイドラインの概要

（1）適用範囲

　ガイドラインは、犯収法2条2項に規定する特定事業者のうち、金融庁所管の事業者（ただし、公認会計士または監査法人を除く）を対象とするものとされています（ガイドラインI－4「本ガイドラインの位置付けと監督上の対応」）。

（2）基本的考え方

❶　ガイドラインが要請するマネロン・テロ資金供与リスク管理態勢

　ガイドラインでは、まず、マネロン等に係るリスク管理態勢を有効性の

ある形で構築し、これを維持していくためには、金融機関等において、自らが直面しているリスクを適時・適切に評価し、リスクに見合った低減措置を講じること（リスクベース・アプローチ）が不可欠であると指摘し、リスクベース・アプローチによるマネロン等リスク管理態勢の構築・維持は、わが国金融システムに参加する金融機関等にとっては、当然に実施していくべき事項（ミニマム・スタンダード）であると位置付けています。

　また、特に、海外送金等の業務を行う金融機関等については、日本国内のマネロン等の動向のみならず、外国当局による監督も含め、国際的なマネロン等対策の動向を十分に踏まえた対応が求められることを指摘しています。

❷　経営陣の関与と説明責任

　さらに、マネロン等対策については、経営陣によるコミットメントの重要性が強調され、経営陣の主導的な関与を含めた地域・部門横断的なガバナンスによる継続的な取組みが必要であること、および経営戦略の中でマネロン等に係る管理態勢の強化等を図るとともに、その方針・手続・計画や進捗状況等に関し、顧客・当局等を含む幅広いステークホルダーに対し、説明責任を果たしていく必要があることを指摘しています。

❸　モニタリングにおける対応レベルの明確化

　ガイドラインでは、金融庁が各金融機関等の取組みをモニタリングするに当たり、金融機関に対し、「対応が求められる事項」と「対応が期待される事項」を明確に区別して記載している点に特徴があります。

　具体的には、「対応が求められる事項」については、当該事項に係る措置が不十分であるなど、マネロン等リスク管理態勢に問題が認められる場合には、必要に応じ、報告徴求・業務改善命令等の法令に基づく行政対応を行い、金融機関等の管理態勢の改善を図るものとされています。

　他方、「対応が期待される事項」については、「対応が求められる事項」に係る態勢整備を前提に、特定の場面、一定の規模・業容等を擁する金融機関等の対応について、より堅牢なマネロン等リスク管理態勢の構築から対応することが望ましいと考えられる事項と整理されています。

　各金融機関の対応としては、まず、行政処分の対象となり得る「対応が

求められる事項」について適切な措置を行う必要があることはもちろん、「対応が期待される事項」についても、自金融機関の規模や業容等からして重要性が認められる事項については、積極的に対応を図る必要があります。

　なお、ガイドラインにおいては、「対応が求められる事項」「対応が期待される事項」のほか、ベストプラクティス（優れた取組み）として、「先進的な取組み事例」も紹介されていますので、こちらも適宜参考として態勢の構築を図る必要があります。

❹　業界団体・中央機関等の役割

　ガイドラインには、業界団体や中央機関等の役割について記載されていることが特徴的です。これは、規模が小さい、あるいは取引範囲が限定的な金融機関等においては、十分な情報や対応のノウハウの蓄積が困難なことを踏まえ、わが国の金融システム全体のマネロン等対策の底上げの観点から、業界団体や中央機関等がこのような金融機関等の対応を指導、サポートする必要があることによるものです。

　具体的には、業界団体や中央機関等が、金融当局とも連携しながら、①金融機関等にとって参考となるべき情報や対応事例の共有、②態勢構築に関する支援、③マネロン等対策に係るシステムの共同運用の推進、④利用者の幅広い理解の促進等を行うことが期待されており、各金融機関としては、これら業界団体や中央機関等の取組みもうまく活用して効率的にマネロン等対策を行うことが求められます。

金融庁がこれまでに行ったモニタリングにより明らかになったマネロン等対策の課題について教えてください。

A 金融庁のマネロン等対策に関するモニタリングの結果は、「マネー・ローンダリング及びテロ資金供与対策に関する現状と課題」や、金融行政方針の補足資料の中で公表されています。それらにおいては、全体的な傾向として、態勢の水準は高度化しているものの、包括的かつ具体的なリスクの特定・評価の実施や、態勢高度化に向けた行動計画の検討に時間を要し、実際の取組みに遅れが見られる金融機関があることなどが指摘されています。

預金取扱金融機関に関しては、リスク低減措置の課題事例が多数列挙されており、特に継続的顧客管理について多くの金融機関で課題が認められることなどが指摘されています。また、直近では、取引モニタリングや疑わしい取引の届出に関する指摘もなされています。

1．金融庁によるモニタリングの内容

金融庁は、ガイドラインの公表以降、以下の要請や報告徴求を行い、それらで得られた情報を元にリスクベースでモニタリングを実施し、各金融機関の管理態勢等を検証しています。

① ギャップ分析

ガイドラインにおける「対応が求められる事項」について現状との差異（ギャップ）を分析し、当該ギャップを埋めるための具体的な行動計画を策定・実施するよう要請し、その状況についての報告を徴求

② 緊急チェックシート

特に送金取引に重点を置いて、営業現場での検証を含む基本的な確認事項等を取りまとめて発出し、金融機関等における検証等の状況についての報告を徴求

③　取引等実態報告
　取引実態およびマネロン・テロ資金供与対策の実施状況等に係る定量・定性情報についての報告を徴求

２．金融機関における課題と求められる対応

　金融庁は、こうしたモニタリングの結果をまとめたレポートを、平成30年（2018）年8月および令和元（2019）年10月、「マネー・ローンダリング及びテロ資金供与対策に関する現状と課題」（以下、「現状と課題」）として公表しています。

　その中では、次のような課題が示されており、各金融機関においては、それらを踏まえて自金融機関の態勢を省み、高度化につなげていくことが求められます。

（1）全体的な傾向

　業界共通の全体的な傾向としては、態勢整備が順次進められ、金融機関等における全体的な態勢の水準は高度化していると認められるものの、包括的かつ具体的なリスクの特定・評価の実施や、態勢高度化に向けた行動計画の検討に時間を要し、実際の取組みに遅れが見られる金融機関等も存在することが指摘されています。

　現状と課題（平成30（2018）年版）においては、基礎となるリスク評価書におけるリスクの分析を深度ある形で実施している金融機関等ほど、各顧客・取引に関する検証項目が具体的であり、当該検証項目をいつ、どのように確認するかについても明確に定められ、第1線の職員に勉強会や研修等で周知・徹底する仕組みが構築されている傾向が認められることが指摘されていましたが、引き続き参考にすべき指摘事項と考えられます。この点に関する好事例や課題のある事例については、Q15の**3**を参照してください。

（2）預金取扱金融機関における課題

　現状と課題では、業態別の課題も示されています。ここでは、令和元（2019）年版において示されている預金取扱金融機関（3メガバンクグ

ループを除く）の課題についてご紹介します。これらは、他の業態においても十分参考になると考えられます。

❶ リスクの特定・評価

① リスクの検証に当たって、自らが取り扱う全ての商品・サービスを網羅していないなど、リスクベース・アプローチの前提である包括的なリスクの特定・評価が十分でない

② リスク評価書の雛形をそのまま使用するのみで、自らが直面するリスクの特定・評価を十分に行わず、疑わしい取引の届出内容を分析してリスク評価に反映していなかったり、自らの個別具体的なビジネスモデルや顧客特性を考慮していなかったりするなど、深度ある分析に至っていない

③ 預金取引がない者（一見客）の現金による内国為替取引、口座名義人と送金依頼人が異なる場合の内国為替取引（異名義送金）、投融資業務における投融資先等について、包括的かつ具体的にリスクを特定・評価していない

❷ リスクの低減

① 不自然な態様により口座開設が申し込まれた場合について、その合理性の検証プロセスを制定していない

② 過去の疑わしい取引の届出を行った顧客の情報が自行内に共有されておらず、そのため、その後複数回にわたって、リスクに応じた取引時確認が行われないまま、当該顧客が同様の疑わしい取引を実行している

③ 外国為替取引における被仕向送金について、送金受取人や仕向銀行に送金目的や金額の確認を行わず、また、その合理性等を検討しないまま、受取人口座に入金している

④ 全ての顧客についてリスク評価を行っていないほか、そのリスク評価に応じた顧客情報の調査頻度や手法を定めていないなど、継続的な顧客管理に関する具体的な計画を策定していない

⑤　留学生や技能実習生等による口座開設について在留期間の管理手続きを定めていないため、口座開設時に在留期間を確認せず、帰国時にも口座解約手続きを促していないなど、口座売買等のリスクに応じた低減措置を実施していない

⑥　取引モニタリングシステムが検知した取引を十分に検証しないまま、疑わしい取引の届出を行っている

⑦　取引モニタリングシステムのシナリオや敷居値等の抽出基準が自らのリスク評価に見合ったものなっているか、取引フィルタリングシステムのあいまい検索機能の設定が自らのリスク評価に見合ったものとなっているか、両システムに用いられるデータが網羅的か・正確かを定期的に検証していない

　これらのうち、特に「継続的な顧客管理」については、多くの金融機関等で課題が認められる事項であるとの指摘がなされていますが、その対応のポイントについては、Q16を参照してください。

❸　経営管理態勢

①　経営陣が管理部門に対して限定的な指示を行うにとどまり、態勢整備の観点において、適切な経営資源を把握し、組織体制を見直すなど、全社的な対応に至っていない

②　現金による多額の海外送金を受け付けた場合において、リスクに応じた適切な検討をせず、本人確認書類を再度徴求する形式的な対応にとどまり、現金取引の必要性、資金源の合理性の確認・検証を行っていないなど、リスクに応じた低減措置が有効に機能していない

③　第2線（管理部門）が第1線（営業部門）におけるリスクベースでの管理態勢の有効性を十分に検証していない

④　第3線（内部監査部門）において、リスクベースの観点から、マネロン・テロ資金供与対策の有効性の監査を実施していない、マネロン・テロ資金供与対策に関する知見がそもそも不十分であるなど、独立した立場からの検証が十分でない

以上のような指摘を踏まえ、各金融機関においては、特に、経営陣の主体的かつ積極的な関与・理解の下、リスクに応じた人材配置・育成等も含めたリソース配分を的確に行うこと、金融機関内のどこに固有リスクがあるのかを特定・評価した上で、リスクがあると疑われる事例や検証のポイントを具体化して営業店等に伝達し、不審・不自然な取引を的確に検知・報告する態勢を構築すること、過去の取引実績も踏まえた取引モニタリングシステムの整備等を行い、検証の精度向上を図ること、管理部門や内部監査部門における対策の有効性検証を実施することへの対応が十分かを改めて検討し、必要な改善を図っていくことが求められます。

3．直近の指摘内容

　以上のほか、直近では、令和2事務年度金融行政方針（別冊）補足資料の中において、以下のような課題も指摘されています。

　　金融機関等に対し、各金融機関等のリスクや取組状況等を踏まえ、リスクベースでのモニタリングを実施した。こうしたモニタリングを通じて、継続的顧客管理に向けた取組みの浸透等、金融機関の対応に一定の進捗が認められたが、以下のような課題・検討事項も認められ、引き続き管理態勢の向上が求められる。

　・リスクの特定・評価
　　国によるリスク評価を勘案する等、一定の改善が認められるものの、自らの個別具体的な特性を考慮したリスクの特定・評価等に課題が認められる。
　・継続的顧客管理
　　継続的顧客管理に向けて、顧客リスク評価や顧客情報の更新に向けた取組みを進めているものの、自らのマネー・ローンダリング及びテロ資金供与リスクの評価を総合した顧客リスク評価や顧客情報の更新に向けた実効性のある計画の策定等に課題が認められる。また、2020年4月以降は新型コロナウイルス感染症対策の関係で、顧客情報の更新の進捗に遅れが見られている。
　・取引モニタリング
　　取引モニタリングによる検知数と比較して、疑わしい取引の届出件数が少ないことから、取引モニタリングのシナリオ・閾値について、自らのマネー・ローンダリング及びテロ資金供与リスクを反映したものと

なっているのか、その適切性を見直す必要がある。

・疑わしい取引の届出

　上記の「取引モニタリング」のとおり、取引モニタリングによる検知数と比較して、疑わしい取引の届出件数が少ないことから、疑わしい取引の届出の該当性について、適切な検討・判断を行う態勢を整備しているか、管理態勢を見直す必要がある。

Q6

ガイドラインの2019年4月改正の概要について教えてください。

> **A** 主な改正点は以下の4点です。
> ①テロ資金供与対策及び大量破壊兵器の拡散に対する資金供与防止のための必要性・重要性の明確化
> ②リスクの特定におけるリスク評価の際に参照すべき分析
> ③全ての顧客のリスク評価
> ④ITシステムに用いるデータに係る網羅性・正確性の確保

1．ガイドライン改正の経緯

　金融庁は、平成31（2019）年2月13日、ガイドラインの一部改正（案）を公表の上、意見募集手続に付し、その後同年4月10日、意見募集の結果（コメントの概要及び金融庁の考え方）を公表し、改正されたガイドラインの適用が開始されました。

2．ガイドライン改正の内容

　主な改正点としては、以下の4点が挙げられます。

（1）テロ資金供与対策及び大量破壊兵器の拡散に対する資金供与防止のための必要性・重要性の明確化

　FATFは、2001年9月の米国同時多発テロ事件発生後、その権限及び役割が拡大され、テロ資金供与に関する「8の特別勧告」を策定・公表して以降、マネロン対策のほかテロ資金供与対策にも積極的に取り組んでいます。

　そして、第4次FATF勧告では、具体的に、「C.　テロ資金供与及び大量破壊兵器の拡散に対する資金供与」として、以下の勧告が定められています。

> ●テロ資金供与の罪（勧告5）
> ●テロリズム及びテロ資金供与に関する対象を特定した金融制裁（勧告6）
> ●大量破壊兵器の拡散に関する対象を特定した金融制裁（勧告7）
> ●非営利団体（勧告8）

　また、Q3で触れたFATF相互審査の有効性（effectiveness）の審査において、金融機関との関係では、直接的効果（IO：Immediate Outcome）の④「金融機関やDNFBPsがAML／CFTの予防措置についてそのリスクに応じて的確に講じており、疑わしい取引を報告していること」が評価の対象となりますが、金融機関としては、それに加え、IOの⑩「テロリスト、テロ組織及びテロ資金提供者が資金を調達し、移動させ、使用することが防止されていて、NPO部門の濫用がなされていないこと」や⑪「大量破壊兵器の拡散に関与する個人・団体が、関連する国連安保理決議に従って、資金を調達し、移動させ、使用することが防止されていること」といった点も評価の対象となることに留意しなければなりません。

　こうした点を踏まえ、ガイドラインの改正においては、マネロン及びテロ資金供与対策に係る基本的な考え方において、改めて金融機関等におけるテロ資金供与対策や大量破壊兵器の拡散に対する資金供与の防止のための対応について、外為法や国際テロリスト財産凍結法をはじめとする国内外の法規制等を踏まえた態勢整備の必要性や重要性が明確化されました。

（2）リスクの特定におけるリスク評価の際に参照すべき分析

　ガイドラインの改正においては、各金融機関等がリスクの特定に際して、リスクを検証する際に、各業態が共通で参照すべき分析と、各業態それぞれの特徴に応じた業態別の分析の双方を十分に踏まえることの重要性が追記されました（ガイドラインⅡ－2（1）「リスクの特定」）。

　前者の例としては、犯罪収益移転危険度調査書やFATF勧告などいずれの業態においても参照すべきものが挙げられ、後者の例としては、FATFのセクターごとの分析のほか、国際機関や海外当局が公表している業態別の分析や業界団体が会員向けに共有・公表している事例集等が挙げられます。

なお、リスクの特定・評価に際しては、上記各分析を踏まえるだけでは十分ではなく、自らの営業地域の地理的特性や、事業環境・経営戦略のあり方等、自らの個別具体的な特性を考慮することが求められることはいうまでもありません。

（3）全ての顧客のリスク評価

　ガイドラインの改正においては、リスクベース・アプローチにおけるリスク低減措置の中核をなす顧客管理（カスタマー・デュー・ディリジェンス）の項目において、取引関係の開始時、継続時、終了時の過程で確認した情報を総合的に考慮して、全ての顧客についてリスク評価を実施すべきことが新たに規定されました。詳細については、Q16を参照してください。

（4）ITシステムに用いるデータに係る網羅性・正確性の確保

　ガイドラインの改正においては、リスクベース・アプローチにおけるリスク低減措置のデータ管理（データ・ガバナンス）の項目において、【対応が求められる事項】として、以下の内容が新たに規定されました。

> ②　ITシステムに用いられる顧客情報、確認記録・取引記録等のデータについては、網羅性・正確性の観点で適切なデータが活用されているかを定期的に検証すること

　本改正は、すでに【対応が求められる事項】として規定されていた必要に応じたITシステムの導入・活用とともに、実効的なデータ管理（データ・ガバナンス）を確保し、金融機関等による効果的・効率的なマネロン及びテロ資金供与対策の実施を求めるものです。

　「検証」の具体的手法については、各金融機関等において規模や特性、顧客のリスク等に応じて、個別具体的に判断されることになりますが、以下のような一連の過程を検証することが一例として挙げられています。

> ①　正確かつ網羅的に検出されたデータが取引モニタリング・フィルタリングシステムに入力されるプロセスが適切に整備されているか
>
> ②　取引内容に応じた適切な制裁リストを用いており、リストの更新が適時適切にシステムへ反映され、追加された項目が既存顧客に対しても照

　合されているか

③　取引フィルタリングシステムの照合に係るあいまい検索機能等や取引
　モニタリングシステムのシナリオ・敷居値等が適切か

Q7

ガイドラインの2021年２月改正の概要について教えてください。

> **A** 改正内容は「対応が求められる事項」の拡充（「対応が期待される事項」からの移行を含む）や、記載の整理など多岐にわたりますが、「対応が求められる事項」として、①新しい商品・サービスに係る提携先等のリスク管理態勢の有効性を検証すること、②リスク評価に当たって疑わしい取引の届出の状況等の分析を考慮すること、③従前の顧客のリスク評価手法が「顧客リスク評価」として統一されたこと、④リスクが高い取引等において追加的措置を講ずることが追加されたことや、⑤貿易金融を含む海外送金等に関する記載が拡充されたことが重要と考えられます。

1．改正の概要

　金融庁は、それまで実施してきたモニタリングの中で把握した課題等を整理し、金融機関等のマネロン・テロ資金供与対策の更なる実効的な態勢整備等を図るため、令和２（2020年）12月11日、ガイドラインの一部改正（案）を公表の上、意見募集手続に付し、その後令和３（2021年）２月19日、意見募集の結果（コメントの概要及び金融庁の考え方）を公表し、改正されたガイドラインの適用が開始されました。

　主な改正内容は、以下のとおりです。

（1）全般

- ・経営陣の役割に関するもの（「主体的かつ積極的に」から「主導的」「主導性」へ、PDCAへの関与、業務負担の分析とITシステムの活用可能性の検討）
- ・リスクベース・アプローチの意義において「リスク許容度」を明記

（2）リスクの特定・評価

- ・新しい商品・サービスに係る提携先等のリスク管理態勢の有効性を検証すること
- ・リスク評価に当たって疑わしい取引の届出の状況等の分析を考慮することおよびその分析手法

（3）リスクの低減

- ・従前の顧客のリスク評価手法を「顧客リスク評価」として統一
- ・リスクが高い取引等における追加的措置
- ・取引モニタリング・フィルタリングに関する記載の整理・拡充
- ・輸出入取引等に係る資金の融通および信用の供与等（貿易金融）を含む海外送金等に関する記載の拡充
- ・残存リスク評価に基づく商品・サービスの取扱いの有無の検討
- ・疑わしい取引の該当性を判断する際に過去の届出事例等を考慮

2．重要な改正ポイント

　2021年2月の改正内容は上記のとおり多岐にわたりますが、その中で特に重要と思われるものを以下で概説します。

（1）提携先等のリスク管理態勢の有効性検証

　近時、金融機関の新たな商品・サービスにおいては、外部の事業者と連携して提供されるものが少なくありません。しかし、当該事業者（提携先、連携先、委託先、買収先等）のリスク管理態勢が有効に機能していなければ、各金融機関がいくら努力しても、当該商品・サービスは全体としてリスクの高いものとなりかねません。したがって、そのような商品・サービスの導入時には提携先等のリスク管理態勢の有効性も検証しなければなりません。なお、そうした検証は、マネロン・テロ資金供与対策の観点のみならず、預貯金の不正送金被害を防ぐという顧客保護の視点を含む総合的な金融犯罪対策として必要な検証といえるでしょう。

（2）疑わしい取引の届出の状況等の分析を考慮したリスク評価

　従前、一定量の疑わしい取引の届出がある場合には、その分析によりリスクの検証の実効性を向上させることが「対応が期待される事項」とされてきましたが、同趣旨の内容が「対応が求められる事項」となりました。具体的には、リスク評価に当たっては疑わしい取引の届出の状況等の分析等を考慮すること、その分析に当たっては届出件数等の定量情報について、部門・拠点・届出要因・検知シナリオ別等に分析を行うなど、リスク評価に活用することが求められるようになりました。

（3）顧客リスク評価

　2019年4月改正では、自らのマネロン・テロ資金供与リスクの評価の結果を総合し、利用する商品・サービスや顧客属性等が共通する顧客類型ごとにリスク評価を行うこと等により、全ての顧客についてリスク評価を行うことが「対応が求められる事項」とされた一方、顧客ごとに、リスクの高低を客観的に示す指標（顧客リスク格付）を導入することは、ガイドライン制定時からある「対応が期待される事項」として存置され、2つの手法が併記されていました。

　これに対し、2021年2月改正では、顧客類型ごとにリスク評価を行う手法および顧客ごとにリスク評価が行われる顧客リスク格付に関する記載をいずれも削除しつつ、全ての顧客について「顧客リスク評価」を行うことと整理されました。これに関しては、従前の手法を否定するものではなく、手法については金融機関等の規模・特性や業務実態等を踏まえて様々な方法があり得るとされています（ガイドラインⅡ-2（3）（ⅱ）、令和3年パブコメ回答34〜45参照）。したがって、引き続き全ての顧客についてのリスク評価が求められる一方で、その手法については、各金融機関がその規模・特性に応じて判断すべきことになり、顧客類型ごとのリスク評価も、顧客ごとのリスク評価も、「顧客リスク評価」として統一的に把握されることになります。詳しくは、Q16を参照してください。

（4）リスクが高い取引等における追加的措置

　従前、リスクの高い取引等について、取引開始前または多額の取引等に際して追加的措置を講ずることが「対応が期待される事項」に位置付けら

れていましたが、同趣旨の内容が「対応が求められる事項」とされました。なお、従前の「顧客やその実質的支配者との直接の面談、営業拠点がない場合における実地調査等」との手法の例示文言が削除され、「営業実態や所在地等を把握するなど」とされましたが、リスクの程度や内容に応じ、従前の手法が必要とされる場面は引き続き存在すると考えられます（令和3年パブコメ回答48参照）。また、営業実態や所在地等の把握も例示項目ではあるものの、リスクが高い取引等においては必須のものと解されています（令和3年パブコメ回答49）。

（5）輸出入取引等に係る資金の融通及び信用の供与等（貿易金融）を含む海外送金等

海外送金等については、国内で完結する取引とは異なるリスクがあることから、従前も「海外送金等を行う場合の留意点」として独立した項目が設けられていましたが、2021年2月改正で、海外送金等に関しては、コルレス先や委託元金融機関のリスク評価やその見直し、必要に応じた実態確認のほか、送金人や受取人が自らの直接の顧客でない場合であっても制裁リスト等との照合のみならずコルレス先や委託元金融機関等と連携しながらリスクに応じた厳格な顧客管理を行うことを必要に応じて検討することが追記されました。

このほか、「輸出入取引等に係る資金の融通及び信用の供与等」という項目が新設されました。これは、貿易金融といわれるもので、「貿易活動に基づく債務不履行時の保証、履行保証、信用供与等で構成されるものであり、例えば、輸出手形の買取り・輸出信用状開設に加え、輸出信用状の確認等」が想定されており、輸出入に係る単純な代金決済における海外送金とは異なります（令和3年パブコメ回答109〜111）。詳しくは、第5章を参照してください。

3．FAQの公表

2021年2月改正では、ガイドラインの各項目に対する質問と回答がFAQとして公表されていますので（同年3月26日）、金融機関としてはその内容も踏まえた対応が求められます（Q2の**4**も参照）。

金融機関が行うマネロン対策は、どのようにマネロン事犯の摘発に活かされますか？

> **A** 疑わしい取引の届出により提供された情報は、警察庁の犯罪収益移転防止対策室（JAFIC）における整理・分析を経て捜査機関等により刑事事件の捜査、犯則事件の調査に活用されます。また、取引時確認で得られた確認記録や取引記録は、捜査機関が事後的に犯罪組織の資金の流れをトレースすることを可能にします。

1．犯収法が定める特定事業者の義務

わが国の犯収法では、金融機関等の特定事業者について、以下の措置を講ずることを義務付けています（Q2参照）。

> ① 顧客管理措置として一定の取引を行う際に顧客等の本人特定事項等を確認するとともに（取引時確認の実施）、当該確認記録と当該取引に係る記録等を保存しなければならないこと
> ② 業務において収受した財産が犯罪による収益である疑いがある場合等には行政庁に届け出なければならないこと（疑わしい取引の届出の実施）

2．疑わしい取引の情報のながれ

マネロン事犯の摘発のためには、上記のうち、②の疑わしい取引の届出を適切に行うことが特に重要となります。

金融機関は、業務において収受した財産が犯罪による収益である疑いがある場合等には、所管行政庁であり金融庁に対し疑わしい取引の届出を行うことが義務付けられており、金融機関から疑わしい取引の届出を受けた金融庁は、当該届出情報を日本のFIU（Financial Intelligence Unit：資金洗浄やテロ資金供与に関する疑わしい取引の情報を一元的に受理・分析し、

【図表3】犯罪による収益の移転防止に関する法律

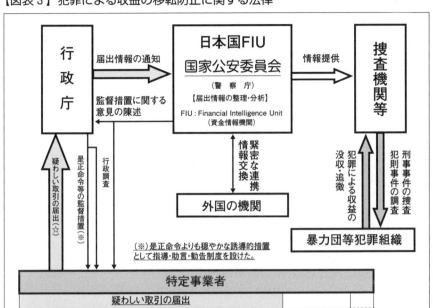

（出所）　JAFIC「犯罪収益移転防止法の概要」（令和2年10月1日時点）

捜査機関等に提供する政府機関）であるJAFIC（Japan Financial Intelligence Center：警察庁刑事局組織犯罪対策部組織犯罪対策企画課犯罪収益移転防止対策室）に通知し、JAFICにおいて届出情報の整理・分析がなされます。

その中で有益な情報については、捜査機関等に情報提供され、刑事事件の捜査、犯則事件の調査に活用されます。その結果、暴力団等の犯罪組織の摘発につながり、犯罪組織から犯罪による収益の没収、追徴を行うことが可能となります。

　このように、金融機関が行う疑わしい取引の届出は、マネロン事犯の摘発に生かされます。

　また、前記①の取引時確認で得られた確認記録や取引記録については、捜査機関が事後的に犯罪組織の資金の流れをトレースすることを可能としています。

金融機関が適切なマネロン対策を講じない場合、どのようなリスクがありますか？

A 犯収法に基づき、金融庁により報告徴収、立入検査、指導・助言・勧告などの監督権限が行使され、金融機関が犯収法に定める義務に違反していると認めるときは、当該金融機関に対し、当該違反を是正するために必要な措置をとるべき命令（是正命令）がなされるリスクがあります。また、銀行法に基づき、報告徴収命令、業務改善命令、業務の一部停止命令などの行政処分がとられるリスクもあります。また、グローバルな観点からは、わが国の金融機関の海外取引に支障が生じるリスク、わが国および当該金融機関がマネロン・テロ資金供与対策の抜け穴として狙われるリスクがあります。

1．金融庁による命令等

　犯収法では、金融機関等の特定事業者による取引時確認、疑わしい取引の届出等の各種義務の履行を確保するため、各特定事業者を所管する行政庁（金融機関の場合は、金融庁）による報告徴収、立入検査、指導・助言・勧告といった権限が定められています（犯収法15条～17条）。

　また、行政庁は、特定事業者が犯収法に定める義務に違反していると認めるときは、事業者に対し、当該違反を是正するために必要な措置をとるべき命令（是正命令）を行うことができることとされています（犯収法18条）。

2．銀行法上の命令等

　上記の犯収法上の監督のほか、金融庁は、監督上の措置として、取引時確認等の措置の確実な履行、ガイドライン記載の「対応が求められる事項」に係る措置等を適切に実施するためのリスク管理態勢に問題があると認められる場合には、必要に応じ銀行法24条に基づき報告（追加の報告を含む）を求めることとなります。

また、重大な問題があると認められる場合には、銀行法26条に基づき、業務改善命令を発出するものとされ、さらに、内部管理態勢が極めて脆弱であり、反社会的勢力・テロリスト等の組織的犯罪等に利用され続けるおそれがあると認められるときまたは取引時確認義務および疑わしい取引の届出義務に違反し、著しく公益を害したと認められる場合など重大な法令違反と認められる場合には、同法26条、27条に基づいて業務の一部停止命令がなされうることにも留意する必要があります（「中小・地域金融機関向けの総合的な監督指針」Ⅱ－3－1－3－1－3参照）。

3．金融システムの参加者としてのリスク

　グローバルな観点からは、わが国の金融機関が適切なマネー・ローンダリング対策を講じなかった場合には、わが国の金融機関の海外取引に支障が生じるリスク、わが国がマネロン・テロ資金供与対策の抜け穴になるリスクがあります。

　ガイドラインにおいても、情報伝達の容易性や即時性が高まっている近年、マネロン・テロ資金供与対策の不断の高度化を図る必要性があり、こうした高度化に後れをとる金融機関等は瞬時に標的となり、マネロン・テロ資金の供与に利用されるリスクが高まっていることが指摘されています。

Q10

マネロン対策と反社対応の関係を教えてください。

> **A** 両者は、組織犯罪対策という観点から、究極的な目的を同じくするものです。反社会的勢力は一般にマネー・ローンダリングを行う傾向があり、逆に、一般にマネー・ローンダリングを行う者は反社会的勢力である蓋然性は高いといえますので、両者については組織犯罪対策として総合的に対応する必要があります。

1. 金融機関における反社対応とその経緯

　従来、多くの金融機関においては、反社会的勢力への対応については、伝統的に総務部やコンプライアンス統括部などのいわゆる反社会的勢力対応部署が対処してきました。

　これは、反社会的勢力への対応が、総会屋への不正融資事件等を端緒として、つまりわが国におけるローカルな問題として、その取組みが推進されてきたという背景によります。

　一方で、マネー・ローンダリング対策は、反社会的勢力対応部署ではなく、事務統括部などの事務部門が担当してきた金融機関が多いのではないかと思います。

　FATF（金融活動作業部会）は、各国に対しグローバルスタンダードなマネロン等対策を求めており、わが国においても、平成15年1月より「金融機関等による顧客等の本人確認等及び預金口座等の不正な利用の防止に関する法律」（いわゆる本人確認法）の施行によって、国内金融機関にも顧客の本人確認と取引記録の保存が法的に義務付けられました。これは、金融機関の取引に際しての牽制効果と捜査機関による事後的な資金トレースを可能にすることにより、金融機関を通じた不正な資金移転を防止しようとするものです。

　顧客の本人確認と取引記録の保存を行う業務は、マネロン対策等を目的

として行われるものですが、こうした業務は、金融機関の営業店における窓口業務に多大な影響を与えるものであり、事務を正確に処理するための事務処理手順を定め、営業店に指導するとともに、事務の効率化などの観点からも対応の必要があったことから、事務統括部等の事務部門がこうした対応を主導してきたものと思われます。

2．反社対応とマネロン対策の違いと共通点

❶ 着目点と金融機関の対応の相違

両者は、反社対応が、反社会的勢力という取引の相手方の属性に着目して、「特定の者との間で取引をしてはならない」ことを金融機関に対し求めるものであるのに対し、マネロン対策では、取引の内容に着目して、マネー・ローンダリング等の疑いがないかとの観点から、金融機関等に対し、取引を行っている者が誰かということの確認を義務付け（本人特定事項の確認）、かつ、個別の取引についてマネー・ローンダリング等が疑われる場合に、疑わしい取引の届出を求め、犯罪捜査につなげるものであり、その目的も、金融機関に求められる具体的な対応も異なります。

❷ 共通する目的と疑わしい取引の届出における対応

しかし、この2つは組織犯罪対策という観点から、究極的な目的を同じくするものであり、また、反社会的勢力は一般にマネー・ローンダリングを行う傾向がある一方、一般的にマネー・ローンダリングを行う者は反社会的勢力である蓋然性が高いといえますので、両者については組織犯罪対策として総合的に対応する必要があります。

具体的には、反社会的勢力との取引が判明した場合、同人が保有する預金口座については、その出入金記録等から「疑わしい取引」に該当するとして、疑わしい取引の届出を検討する必要があります（この点に関連して、疑わしい取引の参考事例の1つとして、「暴力団員等との取引」が掲げられていることに留意する必要があります）。

他方、入出金記録の内容から疑わしい取引として届け出た場合には、当該口座の契約者について、反社会的勢力に該当するのではないか、という点を検証する必要があるといえます。

　監督当局も、両者の担当部署が分かれている場合には、その緊密な連携を求めているところでもあり、今後ますます両者の連携、対応の統一化ということが求められるものと考えられます。

❸　ガイドラインにおける考え方

　また、ガイドラインでは、各金融機関が講ずべきマネー・ローンダリングおよびテロ資金供与対策については、時々変化する国際情勢や、これに呼応して進化する他の金融機関等の対応に強く影響を受けるものであるため、単なる法令等遵守（コンプライアンス）の問題としてではなく、リスク管理の問題として捉えることを求めています（ガイドラインⅠ－1「マネー・ローンダリング及びテロ資金供与対策に係る基本的考え方」）。

第2章

リスクベース・アプローチ

Q&A
Anti-Money Laundering and Counter Financing of Terrorism

マネロン対策におけるリスクベース・アプローチとは、どのような手法ですか？

A リスクベース・アプローチとは、各国および各特定事業者がマネロン等対策に割けるリソース（人員・コスト）は有限であるという前提の下、リスクが高い取引については厳格な措置を、リスクが低い取引については簡素な措置を実施することにより、リソースを効率的に配分し全体的なリスクを低減するアプローチであり、マネロン等対策の本質的基礎となる手法です。

1. リスクベース・アプローチとは

　マネロン等対策におけるリスクベース・アプローチとは、各国および各特定事業者において、マネロン等対策に割くことができるリソース（人員・コスト）は有限であるという前提の下、自らのマネロン等リスクを特定・評価し、リスクが高い取引については厳格な措置を、リスクが低い取引については簡素な措置を実施することにより、リソースを効率的に配分し、全体的なリスクをリスク許容度の範囲内に低減するアプローチです。

　平成24（2012）年2月、FATFにより公表された改訂FATF勧告（FATF第4次勧告）では、リスクベース・アプローチのコンセプトを明確にするとともに、マネー・ローンダリング・テロ資金供与（以下、「マネロン等」）関連のリスク評価をより幅広く行い、高リスク分野では厳格な措置を求める一方、低リスク分野では簡便な措置の採用を認めることで、より効率的な対応を求めることとされました。

　具体的には、勧告1において、次のとおり、マネロン等対策およびFATF勧告全体の本質的基礎となる手法として、リスクベース・アプローチを適用することを求めています（下線筆者）。

1．リスクの評価及びリスクベース・アプローチの適用

　各国は、自国における資金洗浄及びテロ資金供与のリスクを特定、評価及び把握すべきであり、当該リスクを評価するための取組を調整する関係当局又はメカニズムを指定することを含み、当該リスクの効果的な軽減を確保するために行動し、資源を割り当てるべきである。<u>各国は、当該評価に基づき、資金洗浄及びテロ資金供与を防止し又は低減するための措置が、特定されたリスクに整合的なものとなることを確保するため、リスクベース・アプローチ（RBA）を導入すべきである。</u>（中略）

　<u>各国は、金融機関</u>（中略）<u>に対し、資金洗浄及びテロ資金供与のリスクを特定、評価及び低減するための効果的な行動をとることを求めるべきである。</u>

（出所）財務省「改訂FATF勧告の概要」平成24年2月17日「改訂FATF勧告（仮訳）」

2．リスクベース・アプローチの実践手法

　また、リスクベース・アプローチを実践するに当たっては、その前提として、リスク評価が不可欠であるところ、勧告1の解釈ノートは、次のとおり、金融機関等に対し、リスク評価を行い、その結果を書面化することを求めています（下線筆者）。

　8．リスクの評価－<u>金融機関</u>（中略）<u>は、（顧客、国、地政学的な地域；商品、サービス、取引又はデリバリー・チャネルに係る）自らの資金洗浄及びテロ資金供与のリスクを特定し、評価するための適切な手段をとらなければならない。</u>金融機関（中略）は評価の根拠を証明し、評価を更新し続け、リスク評価の情報を権限ある当局や自主規制機関へ提供するための適切なメカニズムを持つことができるよう、<u>それら評価を書面化しなければならない。</u>（以下、略）

（出所）財務省「改訂FATF勧告の概要」平成24年2月17日「改訂FATF勧告解釈ノート（仮訳）」

Q12

実効的なリスクベース・アプローチを実践するために、どのようなプロセスを経る必要がありますか？

A 実効的なリスクベース・アプローチを実践するためには、①自金融機関のマネロン等リスクの性質・程度の理解（リスク評価）、②当該リスクを適切に削減するための内部管理態勢等の構築・適用、③顧客を特定・確認するため適切な顧客管理措置を適用、継続的にモニタリング、その他のマネロン等対策の義務を履行、④疑わしい取引を適切に察知し、当局に届出というプロセスを経る必要があります。

1．FATF勧告を踏まえたリスクベース・アプローチへの取組み

金融庁は各金融機関に対し、リスクベース・アプローチによるマネロン等対策の高度化、具体的には、各金融機関のビジネス環境等を踏まえたリスク評価、組織横断的な緊密な連携、戦略的な人材確保・教育・資源配分等を求めていますが、これはQ11で述べたFATF勧告の内容を踏まえたものです。

各金融機関は、FATF勧告が掲げるリスクベース・アプローチの内容およびその評価手法を十分に理解の上、実効的なリスクベース・アプローチの実践に取り組むことが求められます。

2．実効的なマネー・ローンダリング等防止態勢の整備

リスクベースでの実質的、実効的なマネロン等防止態勢を整備するためには、以下のようなプロセスを経る必要があります。

① 自己のマネロン等リスクの性質・程度を理解（リスク評価）
② 当該リスクを適切に削減するための内部管理態勢等の構築・適用
③ 顧客を特定・確認するため適切な顧客管理措置を適用、継続的にモニタリング、その他のマネロン等対策の義務を履行

④　疑わしい取引を適切に察知し、当局に届出

　金融庁は、これらのプロセスについて、自金融機関のリスク評価およびリスク管理態勢につき、具体的かつ説得的に説明できることを求めています。

　そのためには、まず、経営陣がマネロン等のリスクについて深く理解し、経営陣の主導の下、所管部を通じて、営業店の職員に至るまで、危機意識を醸成し、マネロン等に係るリスク管理の必要性を認識、共有することが重要です。

　さらに、必要に応じて、マネロン等の態勢整備の高度化を図るため、マネロン等に係るリスク管理態勢、具体的には、自金融機関の業務マニュアル、業務フロー等を絶えず検証し、必要に応じてこれを見直すことが重要です。その際には、明確なビジョンに基づき、理想と現実の差異を課題と捉え、理想を達成するためには何が必要かを分析し（ギャップ分析）、適切な目標を設定し、目標に向けた改善計画を策定の上、それを定められたスケジュールに基づき実行することが肝要です。

Q13

リスクベース・アプローチにおけるリスクの特定の段階のポイントを教えてください。

A 金融機関としては、国によるリスク評価・分析を踏まえつつ、その上で、自らが提供している商品・サービス、取引形態、取引に係る国・地域、顧客の属性、自らの営業地域の地理的特性や、事業環境・経営戦略のあり方等を検証・考慮し、自らが直面する独自のマネロン・テロ資金供与リスクを特定する必要があります。

そのためには、まずは、自らが取り扱う商品・サービスの種類・取扱量や顧客の属性、その分布などを、定性的ではなく客観的なデータを用いて定量的に把握、分析することが重要です。

1．リスクの特定の意義

リスクの特定は、自らが提供している商品・サービスや、取引形態、取引に係る国・地域、顧客の属性等のリスクを包括的かつ具体的に検証し、直面するマネロン・テロ資金供与リスクを特定するものであり、リスクベース・アプローチの出発点です。

2．リスクの特定段階で対応が求められる事項

ガイドラインにおいては、リスクの特定段階において対応が求められる事項として、以下の内容が規定されています。

①　国によるリスク評価の結果等を勘案しながら、自らが提供している商品・サービスや、取引形態、取引に係る国・地域、顧客の属性等のリスクを包括的かつ具体的に検証し、自らが直面するマネロン・テロ資金供与リスクを特定すること
②　包括的かつ具体的な検証に当たっては、自らの営業地域の地理的特性や、事業環境・経営戦略のあり方等、自らの個別具体的な特性を考慮すること

③　取引に係る国・地域について検証を行うに当たっては、FATFや内外
　の当局等から指摘を受けている国・地域も含め、包括的に、直接・間接
　の取引可能性を検証し、リスクを把握すること
④　新たな商品・サービスを取り扱う場合や、新たな技術を活用して行う
　取引その他の新たな態様による取引を行う場合には、当該商品・サービ
　ス等の提供前に、当該商品・サービスのリスクの検証、及びその提供に
　係る提携先、連携先、委託先、買収先等のリスク管理態勢の有効性も含
　め、マネロン・テロ資金供与リスクを検証すること
⑤　マネロン・テロ資金供与リスクについて、経営陣が、主導性を発揮し
　て関係する全ての部門の連携・協働を確保した上で、リスクの包括的か
　つ具体的な検証を行うこと

　上記①、②で着目すべきポイントは、「自らが」「自らの」というフレー
ズが繰り返し用いられている点です。これは、国によるリスク評価・分析
は、あくまで複数の金融機関等に共通して当てはまる事項を記載したもの
にすぎないため、国によるリスク評価・分析を踏まえただけでは、個別の
金融機関においてリスクの特定を行ったことにはならないことを強調して
います。

　金融機関としては、国によるリスク評価・分析を踏まえつつ、その上で、
自らが提供している商品・サービス、取引形態、取引に係る国・地域、顧
客の属性、自らの営業地域の地理的特性や、事業環境・経営戦略のあり方
等を検証・考慮し、自らが直面する独自のマネロン・テロ資金供与リスク
を特定する必要があります。そのためには、まず、自らが取り扱う商品・
サービスの種類・取扱量や顧客の属性、その分布などを、定性的ではなく
客観的なデータを用い定量的に把握、分析することが出発点となります。

　その上で、③に記載されているように、FATFや内外の当局等から指摘
を受けている国・地域等の情報も踏まえつつ、想像力豊かにどこにマネロ
ン・テロ資金供与リスクが存在するかを具体的にイメージして特定する必
要があります。

　また、④により、新たな商品・サービスを取り扱う場合や、新たな技術

を活用して行う取引その他の新たな態様による取引を行う場合には、当該商品・サービス等の提供前に、提携先等のリスク管理態勢の有効性を含め、マネロン・テロ資金供与リスクを検証することが求められています。そのため、各金融機関の新商品・新サービスの審査フローにおいても「マネロン・テロ資金供与リスクの検証」を盛り込む必要があります。

そして、⑤に記載されているように、こうしたリスクの特定においては、経営陣が主導性を発揮して、関係する全ての部門の連携・協働を確保した上で、リスクの包括的かつ具体的な検証を行う必要があります。

営業店や営業部門の行職員としても、全社的なリスクの特定に協力すべき、営業地域における顧客の属性や商品・サービス等の特徴を定量的なデータとして示す必要があります。

3．対応事例

これまで公表されてきた金融庁の「マネー・ローンダリング及びテロ資金供与対策に関する現状と課題」および国家公安委員会の「犯罪収益移転危険度調査書」では、リスクの特定・評価に関して、以下のような対応事例が挙げられています。

【好事例】
① 自らが拠点を有する営業店の地理的環境と顧客の特性等を営業エリアごとに具体的に洗い出し、こうした顧客の属性と過去の疑わしい取引の届出履歴や捜査当局等から得られる情報等を照らし合わせ、マネロン・テロ資金供与リスクを洗い出している事例
② 事業活動を主として行う地域以外で口座を開設する顧客や、営業地域への一時居住が前提となっており、将来的に口座が不要となることが見込まれる顧客、事業内容から多額の海外送金取引が必要となる顧客等、独自にハイリスク先として取り扱う顧客の類型を設定している事例
③ 自社が届け出ている疑わしい取引の内容を分析し、外国送金に関して仕向及び被仕向送金先の国・地域の傾向、外国人名義の口座に関して国籍の傾向、顧客に関して職業や業種の傾向等から独自のリスク指標を抽

出している事例

④　調査書における直接的な記載のみにとどまらず、記載の趣旨を勘案し、留学生や短期就労者等の帰国を前提とするような外国人は帰国時における口座の不正転売の可能性があること、現金を集中的に取り扱う業者は取引における不正資金の混入の可能性があること等、具体的なリスクを特定している事例

⑤　外国人名義の普通預金口座で給与振込等の動きがなくなったもの、窓口来店により開設した法人口座について現地訪問で実態把握が十分にできなかったもの等を利用した取引を高リスク取引として、具体的に特定している事例

⑥　内国為替取引に関して、総合振込、給与振込、税納付、公共料金及び仕向送金・被仕向送金等に細分化し、それぞれの分類ごとにリスクを評価している事例

⑦　営業店ごとに商品等の取引実績、顧客の属性や地理的な特徴等が異なることから、それぞれが個別に商品・サービス、取引形態、国・地域、顧客属性等に着目した分析を行っている事例

【課題のある事例】

①　広く用いられているひな形等を参考に、大まかなリスク類型・取引類型を列挙するに止まり、こうしたリスク類型の金融機関等における取扱件数等が具体的に加味されていない事例

②　顧客について法人・個人の別等の大まかな区分が列挙されているのみであり、金融機関等の顧客層を具体化したリスク分析を行えていない事例

③　預金取引がない者（一見客）の現金による内国為替取引、口座名義人と送金依頼人が異なる場合の内国為替取引（異名義送金）、投融資業務における投融資先等について、包括的かつ具体的にリスクを特定・評価していない事例

外部の事業者と提携して商品・サービスを提供しようとする場合、どのような点に留意すべきですか？

A 外部の事業者との提携等を通じて新たな商品・サービスを提供しようとする場合には、そのマネロン・テロ資金供与リスクの検証に当たっては、当該提携先である外部事業者のリスク管理態勢の有効性も含めた検証が必要とされています。有効性の検証のための具体的な着眼点や一律的な方法が定められているわけではなく、提供する個別の商品・サービスの内容等を踏まえて個別的に判断していくことが求められることとなります。

1．連携サービスとマネロン・テロ資金供与リスク

　近時、フィンテックの潮流も相まって、金融機関の新たな商品・サービスにおいては、外部の事業者と連携して提供されるものが少なくありません。こうした連携を通じて、スマートフォンを用いたキャッシュレスサービスなど、利用者にとって利便性の高い金融サービスが日々創出されており、今後も社会的に有用な事業が次々に立ち上がることが期待されます。

　一方で近時、金融機関の預金口座と外部の事業者との連携サービスが悪意のある第三者によって不正利用された事案が発生して社会的に大きな問題となるなど、こうした連携サービスの利便性を逆手に取った金融犯罪が敢行される懸念があり、マネロン・テロ資金供与の観点からもこれを未然に抑止することが重要な課題となっています。

　特に、連携サービスにおいては、金融機関がいくらマネロン・テロ資金供与リスクを低減するための手段を尽くしたとしても、連携サービスを提供する外部の事業者におけるリスク管理態勢が有効に機能していなければ、結局当該サービス自体のリスクは高いものとなってしまいかねません。そのため、そうした外部の事業者におけるリスク管理態勢も勘案した上で、提供する商品・サービスのリスクを特定し、これを低減する措置をとって

いくことが求められることとなります。

　こうした考え方を踏まえて、2021年 2 月に改正されたガイドラインでは、金融機関において対応が求められる事項として、次の下線部分が追記されることとなりました（ガイドラインⅡ- 2 （ 1 ）「リスクの特定」）。

> ④　新たな商品・サービスを取り扱う場合や、新たな技術を活用して行う取引その他の新たな態様による取引を行う場合には、当該商品・サービス等の提供前に、当該商品・サービスのリスクの検証、及びその提供に係る提携先、連携先、委託先、買収先等のリスク管理態勢の有効性も含めマネロン・テロ資金供与リスクを検証すること

2 ．外部事業者のリスク管理態勢の有効性評価

（ 1 ）外部事業者のリスク管理態勢

　ガイドラインでは、どのように外部事業者のリスク管理態勢の有効性を評価すべきかについて、具体的な着眼点や一律的な方法が定められているわけではありませんが、これは、当該外部事業者と連携して提供されることとなる個別の商品・サービスの内容によって、どの程度のリスク管理態勢が必要とされるかは異なってくるためです。

　例えば、金融機関の預金口座と連携して高額の資金決済を可能とするサービスが提供される場合で、顧客接点は外部事業者が担うというような場合には、当該外部事業者において適切に顧客管理を行うことができる体制が求められることになるかも知れません。一方で、外部事業者は単にサービスのインターフェースを提供するだけであり、顧客の管理を含めて実質的には金融機関自らがサービス提供を行うのと同様であるような連携サービスにおいては、外部事業者に求められるリスク管理態勢も限定的なものとなると思われます。

　このように個別の商品・サービス内容を踏まえる必要はありますが、外部事業者のリスク管理態勢の検証においては、やはり、ガイドラインで示されている着眼点がどの程度充足されているかという点がポイントになると考えられます。

すなわち、当該事業者においてリスクの特定・評価が行われているか、行われている場合にはどのようなリスク認識を持っているか、特に連携サービスのマネロン・テロ資金供与リスクについてどのように捉えているかという点や、連携サービスに関するリスク低減策としてどのような対応をとることとされているかといった点です。加えて、場合によっては、ガイドラインで求められているような内部管理態勢の構築状況を明らかにしてもらって、検証することが必要となると考えられます。

（2）金融庁「事務ガイドライン」における着眼点

　なお、2021年2月26日にパブリックコメント手続を経た上で確定した、金融庁の「事務ガイドライン（第三分冊：金融会社関係）」、「主要行等向けの総合的な監督指針」の一部改正によって、前払式支払手段発行者および資金移動業者に適用ある事務ガイドラインに、「口座振替サービス等の他の事業者の提供するサービスとの連携」という着眼点が新設されています。当該着眼点は、必ずしもマネロン・テロ資金供与防止のためのものではありませんが、当該改正の端緒には前述の不正利用事案があり、その目的において共通するものであるといえます。

　そこでは、口座振替サービスとの連携を行う前払式支払手段発行者および資金移動業者等における、①内部管理態勢の整備、②セキュリティの確保、③利用者等への通知、④不正取引の検知（モニタリング）、⑤利用者等からの相談対応といった着眼点が示されており、これらの充足状況を参考にするということも有用と考えられます。

Q15

リスクベース・アプローチにおけるリスクの評価の段階のポイントを教えてください。

> **A** リスクの評価に当たっては、全社的方針や具体的手法を確立し、当該方針や手法に則って、具体的かつ客観的な根拠に基づいて評価を実施することが求められます。
> また、リスク評価の結果については文書化が求められ、また絶えず見直しを図る必要があります。

1．リスクの評価の意義

　リスクの評価は、Q13で解説した段階において特定されたマネロン・テロ資金供与リスクの自らへの影響度等を評価し、低減措置等の具体的な対応を基礎付け、リスクベース・アプローチの土台となるものです。リスクの特定が、リスクの有無、内容を探知するものであるとすれば、リスクの評価とは、特定されたリスクについてそのリスクの高低を評価する、具体的には、ハイレベル、ミドルレベル、ローレベルのようにランク付けすることです。

2．リスクの評価段階において対応が求められる事項

　ガイドラインにおいては、リスクの評価段階において対応が求められる事項として、以下の内容が規定されています。

> ①　リスク評価の全社的方針や具体的手法を確立し、当該方針や手法に則って、具体的かつ客観的な根拠に基づき、前記「（1）リスクの特定」において特定されたマネロン・テロ資金供与リスクについて、評価を実施すること
> ②　上記①の評価を行うに当たっては、疑わしい取引の届出の状況等の分析等を考慮すること

③ 疑わしい取引の届出の状況等の分析に当たっては、届出件数等の定量情報について、部門・拠点・届出要因・検知シナリオ別等に行うなど、リスクの評価に活用すること

④ リスク評価の結果を文書化し、これを踏まえてリスク低減に必要な措置等を検討すること

⑤ 定期的にリスク評価を見直すほか、マネロン・テロ資金供与対策に重大な影響を及ぼし得る新たな事象の発生等に際し、必要に応じ、リスク評価を見直すこと

⑥ リスク評価の過程に経営陣が関与し、リスク評価の結果を経営陣が承認すること

　まず、リスクの評価は、リスクの特定を出発点として一連の流れで行われるものであるため、リスクの特定段階において特定されたリスクに対して、全社的方針や具体的手法を確立し、当該方針や手法に則って、具体的かつ客観的な根拠に基づいて評価を実施することが求められます。そのためには経営陣の主導的な関与の下、これらの方針や手法を策定し、確立する必要があります。評価の客観性を担保するためには、外部機関による検証を経ることも有効な手段といえます。

　また、リスクの評価に当たっては、疑わしい取引の届出の状況等の分析等を考慮する必要があり、その際、届出件数等の定量情報につき、部門・拠点・届出要因・検知シナリオ別等に分析を行うことが求められます。

　こうした疑わしい取引の届出に関する情報の活用は、従前は「対応が期待される事項」と位置付けられていましたが、2021年2月のガイドライン改正で「対応が求められる事項」となりましたので、留意する必要があります。

　リスク評価の結果については、文書化が求められることになります。ここで留意すべき点は、文書化自体に意味があるのではなく、リスク評価の結果を踏まえて、その評価に即したリスク軽減措置を検討する必要がある点が重要であることです。リスク評価書面はリスク軽減措置を採択・実施する上で、前提となるものでなければなりません。

　さらに、マネロン等のリスク、海外当局の動向などは刻一刻と変化するものですから、リスク評価については、絶えず見直しを図る必要があります。

3．対応事例

　リスクの評価に関する対応事例については、Q13の **3** を参照してください。

Anti-Money Laundering and Counter Financing of Terrorism

Q16

「顧客リスク評価」の必要性・重要性について教えてください。

> **A** リスクベース・アプローチに基づき実効的な顧客管理を行おうとする場合、その前提として、全ての顧客について顧客リスク評価を行うことが不可欠です。
> 　顧客リスク評価とは、商品・サービス、取引形態、国・地域、顧客属性等に対する金融機関等におけるリスクの評価の結果を踏まえて、全ての顧客について行うリスク評価を意味し、顧客リスク評価に応じて講ずべき低減措置を判断することが求められます。また、随時または定期的な顧客リスク評価の見直しも求められます。

1. 顧客リスク評価の必要性とガイドラインの内容

　リスクベース・アプローチに基づき、取引時確認等の顧客受入時の管理措置の深度や継続的な顧客管理措置の頻度および取引モニタリングの敷居値の設定等の具体的なリスク低減措置の内容を決定し、実効的な顧客管理を行おうとする場合、その前提として、全ての顧客について顧客リスク評価を行うことが不可欠です。

　このことは、ガイドライン制定時から変わらないものといえますが、2019年4月のガイドライン改正時に、リスクベース・アプローチにおけるリスク低減措置の中核をなす顧客管理（カスタマー・デュー・ディリジェンス）の項目において、明文化されました。2021年2月改正でも記載の整理が図られ、改正後の【対応が求められる事項】の内容は以下のとおりです。

> ⑥　商品・サービス、取引形態、国・地域、顧客属性等に対する自らのマネロン・テロ資金供与リスクの評価の結果（Ⅱ−2（2）で行うリスク評価）を踏まえて、全ての顧客について顧客リスク評価を行うとともに、講ずべき低減措置を顧客リスク評価に応じて判断すること

2．顧客リスク評価を起点とする顧客管理の内容

　上記のとおり、ガイドラインでは、「講ずべき低減措置を顧客リスク評価に応じて判断すること」とされていますが、具体的には、顧客リスク評価に応じて、以下のように講ずべき措置が変わることになります。

（1）リスクが高い顧客への対応

　顧客リスク評価が高い場合、リスクに応じた厳格な顧客管理（EDD：Enhanced Due Diligence）が必要になります（下線筆者。以下同）。

> ⑦　マネロン・テロ資金供与リスクが高いと判断した顧客については、以下を含むリスクに応じた厳格な顧客管理（EDD）を実施すること
> 　イ．資産・収入の状況、取引の目的、職業・地位、資金源等について、リスクに応じ追加的な情報を入手すること
> 　ロ．当該顧客との取引の実施等につき、上級管理職の承認を得ること
> 　ハ．リスクに応じて、当該顧客が行う取引に係る敷居値の厳格化等の取引モニタリングの強化や、定期的な顧客情報の調査頻度の増加等を図ること
> 　ニ．当該顧客と属性等が類似する他の顧客につき、顧客リスク評価の厳格化等が必要でないか検討すること

（2）リスクが低い顧客への対応

　顧客リスク評価が低い場合、リスクに応じた簡素な顧客管理（SDD：Simplified Due Diligence）を行うなど、円滑な取引の実行に配慮する必要が生じます。

> ⑨　マネロン・テロ資金供与リスクが低いと判断した顧客については、当該リスクの特性を踏まえながら、当該顧客が行う取引のモニタリングに係る敷居値を上げたり、顧客情報の調査範囲・手法・更新頻度等を異にしたりするなどのリスクに応じた簡素な顧客管理（SDD）を行うなど、円滑な取引の実行に配慮すること（注1）（注2）

（３）継続的顧客管理を実施する上での顧客リスク評価の重要性

　さらに、顧客リスク評価は、継続的顧客管理の内容を左右する点においても重要です。

　特に、継続的顧客管理の基準および手続の整備については、金融庁から課題が指摘されている部分であり、顧客リスク評価を行うことで適切な継続的顧客管理につなげていくことが必要といえるでしょう。

3．顧客リスク評価の手法

　顧客リスク評価の手法については、2019年4月改正以降、2021年2月改正までの間は、以下のとおり、顧客類型ごとのリスク評価が【対応が求められる事項】において例示されている一方で、顧客ごとのリスク評価手法としての「顧客リスク格付」の導入が【対応が期待される事項】に挙げられており、2つの手法が異なる位置づけで併記されている状態でした（以下は、いずれも2021年2月改正前のもの）。

> ⑥　商品・サービス、取引形態、国・地域、顧客属性等に対する自らのマネロン・テロ資金供与リスクの評価の結果を総合し、利用する商品・サービスや顧客属性等が共通する<u>顧客類型ごと</u>にリスク評価を行うこと等により、全ての顧客についてリスク評価を行うとともに、講ずべき低減措置を顧客のリスク評価に応じて判断すること

> ａ．商品・サービス、取引形態、国・地域、顧客属性等に対する自らのマネロン・テロ資金供与リスクの評価の結果を総合し、<u>顧客ごと</u>に、リスクの高低を客観的に示す指標（顧客リスク格付）を導入し、これを随時見直していくこと

　ガイドラインの2021年2月改正以降は、上記の2つの手法は、【対応が求められる事項】と【対応が期待される事項】という区分ではなく、全ての顧客について求められる「顧客リスク評価」を行う際の手法の違いという整理となりました。金融庁も、従前の手法を否定するものではなく、手法については金融機関等の規模・特性や業務実態等を踏まえて様々な方法があり得るとしています（ガイドラインⅡ－2（3）（ⅱ）、令和3年パブコメ回答34～45参照）。

　顧客類型ごとに全ての顧客についてリスク評価を行う場合の手法としては、例えば、疑わしい取引の届出対象となった顧客であることや、犯罪収益移転危険度調査書に記載の危険度の高い取引を行う顧客であること等を踏まえて顧客を類型化することが挙げられます。もっとも、大まかな形でしか顧客の類型化を行わないとなれば、ガイドラインで全ての顧客についてリスク評価を求めた趣旨が没却されるため、効果的なリスクベース・アプローチの実践の観点から、顧客等に関する様々な情報を入手し、利用する商品・サービスや顧客属性を踏まえ、きめ細かく顧客類型の抽出を行うことが重要です。

　このほか、現状と課題（令和元（2019）年版）では、以下のとおり、新規顧客と既存顧客との差異を踏まえたリスク評価を行い、その結果に基づいて継続的な顧客管理を開始する考え方が示されています。

（新規顧客）

・新規顧客が利用する予定の商品・サービス、取引形態、国・地域、顧客属性等に基づき、顧客リスク評価を実施。顧客受入方針に沿って、当該顧客リスク評価に応じた取引時確認（例えば、高リスクと判断した顧客については、厳格な顧客管理（EDD）等）を実施。

（既存顧客）

・現時点での顧客情報に基づき、顧客リスク評価を実施。ただし、既存の顧客情報に基づいた顧客リスク評価であることに鑑み、顧客情報を更新して、顧客リスク評価を改めて実施。なお、顧客情報の更新に当たっては、現時点での顧客リスク評価に応じた優先順位で実施することが重要。

4．顧客リスク評価の見直し

　顧客リスク評価は変動し得るものであり、その見直しが適切に行われなければリスクベース・アプローチに基づく適切な顧客管理を行うこともできません。

　ガイドラインでは、上記 **2（3）** で引用したとおり、各顧客のリスクが高まったと想定される具体的な事象が発生した場合等の機動的な顧客情報の確認や定期的な確認といった継続的顧客管理を通じて確認した顧客情報等を踏まえて顧客リスク評価を見直すことが規定されていますが、このように、顧客リスク評価と継続的顧客管理は互いに影響し合うものといえます。

　なお、現状と課題（令和元（2019）年版）では、各顧客のリスクが高まったと想定される具体的な事象には、例えば、顧客に関する不芳情報（ネガティブ・ニュース）や、顧客のビジネスモデル、取引相手の国・地域の変化等が含まれるとされています。

　このほか、ガイドラインにおいては、顧客リスク評価の見直しについて、リスクが高いと判断した顧客と属性等が類似する他の顧客につき、顧客リスク評価の厳格化等が必要でないか検討すること（Ⅱ－2（3）（ⅱ）【対応が求められる事項】⑦ニ.）や、疑わしい取引の届出を契機にリスクが

高いと判断した顧客について顧客リスク評価を見直すこと（Ⅱ－2（3）
（ⅴ）【対応が求められる事項】⑦）が求められています。

　したがって、各金融機関においては、リスクベース・アプローチに基づ
く適切な顧客管理を行うため、顧客リスク評価を一度行うだけでなく、随
時または定期的な顧客リスク評価の見直しを行うことが重要となります。

Anti-Money Laundering and
Counter Financing of Terrorism

Q17

リスクベース・アプローチにおけるリスク低減措置の採択・実施の段階のポイントを教えてください。

> **A** リスク低減措置は、リスクの評価に見合った合理的なものでなければなりません。
>
> リスク低減措置には、取引を行う主体である顧客に着目した顧客管理措置や取引に着目した取引モニタリング、取引フィルタリングなど様々な手法があります。金融機関は、ガイドラインに記載されている手法のほか、業界団体等を通じて共有される事例や内外の当局等からの情報等を参照しつつ、自らの直面するリスクに見合った合理的なリスク低減措置を講じる必要があります。

1. リスクの低減措置の意義

　自らが直面するマネロン・テロ資金供与リスクを低減するための措置は、リスクベース・アプローチに基づくマネロン・テロ資金供与リスク管理態勢の実効性を決定付けるものです。

　そして、リスク低減措置は、個々の顧客やその行う取引のリスクの大きさに応じて実施すべきものです。自らが定めるところに従って、マネロン・テロ資金供与リスクが高い場合には、より厳格な措置を講ずることが求められ、一方で、リスクが低いと判断した場合には、より簡素な措置を行うことが許容されます。

2. リスクの低減において対応が求められる事項

　ガイドラインにおいては、リスクの低減において対応が求められる事項として、以下の内容が規定されています。

> ①　自らが特定・評価したリスクを前提に、個々の顧客・取引の内容等を調査し、この結果を当該リスクの評価結果と照らして、講ずべき実効的な低減措置を判断・実施すること

②　個々の顧客やその行う取引のリスクの大きさに応じて、自らの方針・手続・計画等に従い、マネロン・テロ資金供与リスクが高い場合にはより厳格な低減措置を講ずること

③　本ガイドライン記載事項のほか、業界団体等を通じて共有される事例や内外の当局等からの情報等を参照しつつ、自らの直面するリスクに見合った低減措置を講ずること

　まず、リスク低減措置は、リスクの評価に見合った合理的なものでなければなりません。

　また、リスク低減措置には、様々な手法がありますが、中核となるのが顧客管理（CDD：カスタマー・デュー・ディリジェンス）です（顧客管理については、Q18を参照）。

　また、顧客管理のように個々の顧客に着目するのではなく、取引そのものに着目し、異常取引の検知等を通じてリスクを低減させる手法（取引モニタリング）や、制裁対象取引等の検知等を通じてリスクを低減させる手法（取引フィルタリング）などの手法もあります。

　取引モニタリングや取引フィルタリングを実効的に行うためには、ITシステムの活用が重要ですが、それ以外にも営業店や営業部門に所属する行職員の「気づき」も重要となります。

　各金融機関においては、本ガイドラインに記載されている手法のほか、業界団体等を通じて共有される事例や内外の当局等からの情報等を参照しつつ、自らの直面するリスクに見合った合理的なリスク低減措置を講ずる必要があります。

3．対応事例

　金融庁の「マネー・ローンダリング及びテロ資金供与対策に関する現状と課題」（平成30（2018）年版）では、リスクの低減措置に関して、次表のように、好事例としての地域金融機関Aの対応と、課題がある事例としての地域金融機関Bの対応が並べて対比されています。

	地域金融機関A	地域金融機関B
リスク評価書の記載	独自に検討され具体的	ひな形が主で抽象的
顧客・取引の検証点	「風貌等について本人確認資料等と齟齬はないか」、「質問に対して非協力的ではないか」等、明確・具体的	「なりすましの疑いがないか」、「不合理な点はないか」等、曖昧で判断が困難
不審取引への対応	顧客の属性に照らして多額の送金であれば、「送金原資」や「送金目的」「経済合理性」を裏づける資料を求める等、不審性の認められる事由に沿った資料確認等を実施	高額送金については一律本人確認書類の再徴求を行う等、形式的なルール設定に止まっており、不審性の認められる事由に沿った資料確認等が未実施
上席・本部等への報告基準	金額、取引態様、送金先の国・地域、顧客の属性等、多数の項目を参照しつつ、具体的な承認基準・報告基準等を整備	「不審な事由があった場合」や「緊急を要する場合」に報告することとされているに止まり、営業現場に浸透を図ることが困難な基準を設定
第1線の職員への周知・徹底	営業店内の勉強会を活用したり、金融機関内で発生した不審取引の事例を共有するなど、検証項目や報告基準、留意点等について、第1線の全ての職員に対して、周知・徹底	研修の対象が本部職員や営業店の役席等、一部の職員に限られており、第1線の職員への周知・徹底が不十分

　このほか、上記現状と課題（令和元（2019）年版）および犯罪収益移転危険度調査書（令和2年）においては、以下のような対応事例が示されていますので、あわせてご紹介します。

- 　過去に疑わしい取引を届け出た顧客について、システム上での情報共有体制を構築の上、当該顧客との取引に当たっては、書面やヒアリングによる詳細な確認を行うとともに、上級管理者の承認を受けることとしている事例
- 　口座開設時において注意すべき顧客区分（遠隔地に居住する者、複数の口座を開設する者、店頭で少額の預入金により口座を開設する者、在留期間満了間近の在留カードを提示する者等）を設定しており、該当する場合には追加的な質問等を行うことにより口座開設の合理性を確認した上で、合理性の判断が困難な場合には、上級管理者の確認を経た上で口座開設の可否を判断している事例
- 　少額で開設された口座、遠隔地の顧客の口座、設立又は移転後間もな

い法人の口座等を管理対象先口座に指定し、同口座への振込依頼が発生した場合には、口座開設目的との整合性の確認や振込依頼人の意思確認等を行い、整合性が確認できない場合は取引謝絶や疑わしい取引の届出等を実施することを社内規程によって整備している事例

・　長期間入出金のない口座の取引を停止し、取引再開を希望する顧客に対して本人確認書類や預金通帳等を確認することで、口座の不正利用を防止している事例

・　帰国時における口座売却等のリスクに対して、外国人の留学生や就労者等の顧客について、その在留期間を確認した上で、システムによって管理している事例

・　新規に外為取引を開始する法人顧客については、取引開始前に本部及び営業店担当者が現地訪問し、事業内容や取引内容等に関するヒアリングを実施して訪問記録を作成し、送金依頼を受けた際には、その都度、その内容と訪問記録との整合性を検証している事例

・　外国送金に関するチェックリストを作成し、各営業店の窓口で同リストに基づいた確認、総括管理者による検証等を実施し、また、必要に応じて本部の担当部署への報告を行うなど、案件に応じた承認プロセスを明確にしている事例

・　自社の経営環境、経営戦略、営業エリアにおける地理的特性及び顧客の特性等を分析し、例えば空港や港に近接しているといった営業エリアの地理的特性から、独自のリスク指標を抽出し、盗難車両の解体・買取り・輸出等に利用されるおそれがある業者を特定した上で、当該業者については、海外送金におけるマネー・ローンダリング等に関するリスクが高いとして、当該業態の海外送金用のチェックリストを策定し、厳格に検証している事例

・　現金の持ち込みによる海外送金の取扱いを停止している事例

・　非対面取引において、なりすましの可能性を勘案し、IPアドレス、ブラウザ言語等のアクセス情報に着目した取引モニタリングを実施している事例

- 信用状付輸出手形の買取りに当たって、取引に係る船舶が他国当局独自の制裁対象であったことから取引を謝絶した事例を踏まえ、スクリーニングシステムに取引に関係する他国当局独自の制裁リストを追加した事例（なお、船舶名のスクリーニングとともに、リスクに応じてモニタリングを強化することも有益）

第3章

顧客管理と
取引の精査

Q&A

Anti-Money
Laundering and
Counter Financing of
Terrorism

Q18

ガイドライン上、適切に実施することが求められている「顧客管理」とは、どのような内容ですか？

A 「顧客管理」とは、①個々の顧客の情報やその取引内容等を調査し、②調査の結果をリスク評価の結果と照らして、とるべきリスク低減措置を判断し、③これを実施するという一連の流れのことです。犯収法で求められている取引時確認も顧客管理の一部であり、適切な取引時確認の実施をはじめ、取引の各段階において、各顧客や取引のリスクに応じた対応をとることが必要です。

1. 「顧客管理」とは

　ガイドラインにおいて「顧客管理」とは、マネー・ローンダリング等のリスクを低減させる措置のうち、特に個々の顧客に着目して、各金融機関が自ら特定・評価したリスクを前提に、①個々の顧客の情報やその取引内容等を調査し、②調査の結果をリスク評価の結果と照らして、とるべきリスク低減措置を判断し、③これを実施するという一連の流れのことをいうものとされており、一般的に「カスタマー・デュー・ディリジェンス」（CDD）とも呼ばれています。

　金融機関等が顧客と取引を行う際には、それがどのような人物や団体で、団体である場合にはその実質的支配者は誰であるのか、取引に当たってどのような目的を有しているのか、資金の流れはどうなっているのかなど、顧客に係る基本的な情報を適切に調査・把握し、どういったリスク低減措置をとるべきかを判断することが不可欠であり、ガイドラインにおいても、顧客管理はマネー・ローンダリング等のリスクを低減させる措置の中核と位置付けられています。

2．顧客管理の内容

（1）取引時確認との関係

　犯収法で求められている本人確認書類等に基づく取引時確認は、取引関係の開始時における顧客管理のための措置であり、一番初めに顧客と金融機関が接点を有する場面ということもあって、マネー・ローンダリング等の防止のために非常に重要な取組みです。

　犯収法では、そのような重要性を有する取引時確認の方法について詳細に定めています。金融機関が遵守すべき最低限の措置であり、次のQ以降で詳しく取り上げます。

（2）金融機関において対応が求められる顧客管理

　ガイドラインでは、顧客管理措置として対応が求められる事項について、以下のように規定しています。なお、これらの措置をとるに当たっては、個々の顧客や取引に内在するリスクに応じた、リスクベース・アプローチの考え方に基づき対応することが重要です。

> ①　自らが行ったリスクの特定・評価に基づいて、リスクが高いと思われる顧客・取引とそれへの対応を類型的・具体的に判断することができるよう、顧客の受入れに関する方針を定めること
> ②　前記①の顧客の受入れに関する方針の策定に当たっては、顧客及びその実質的支配者の職業・事業内容のほか、例えば、経歴、資産・収入の状況や資金源、居住国等、顧客が利用する商品・サービス、取引形態等、顧客に関する様々な情報を勘案すること
> ③　顧客及びその実質的支配者の本人特定事項を含む本人確認事項、取引目的等の調査に当たっては、信頼に足る証跡を求めてこれを行うこと
> ④　顧客及びその実質的支配者の氏名と関係当局による制裁リスト等とを照合するなど、国内外の制裁に係る法規制等の遵守その他リスクに応じて必要な措置を講ずること
> ⑤　信頼性の高いデータベースやシステムを導入するなど、金融機関等の規模や特性等に応じた合理的な方法により、リスクが高い顧客を的確に

検知する枠組みを構築すること

⑥ 商品・サービス、取引形態、国・地域、顧客属性等に対する自らのマネロン・テロ資金供与リスクの評価の結果（Ⅱ－2（2）で行うリスク評価）を踏まえて、全ての顧客について顧客リスク評価を行うとともに、講ずべき低減措置を顧客リスク評価に応じて判断すること

⑦ マネロン・テロ資金供与リスクが高いと判断した顧客については、以下を含むリスクに応じた厳格な顧客管理（EDD）を実施すること

　イ．資産・収入の状況、取引の目的、職業・地位、資金源等について、リスクに応じ追加的な情報を入手すること

　ロ．当該顧客との取引の実施等につき、上級管理職の承認を得ること

　ハ．リスクに応じて、当該顧客が行う取引に係る敷居値の厳格化等の取引モニタリングの強化や、定期的な顧客情報の調査頻度の増加等を図ること

　ニ．当該顧客と属性等が類似する他の顧客につき、顧客リスク評価の厳格化等が必要でないか検討すること

⑧ 顧客の営業内容、所在地等が取引目的、取引態様等に照らして合理的ではないなどのリスクが高い取引等について、取引開始前または多額の取引等に際し、営業実態や所在地等を把握するなど追加的な措置を講ずること

⑨ マネロン・テロ資金供与リスクが低いと判断した顧客については、当該リスクの特性を踏まえながら、当該顧客が行う取引のモニタリングに係る敷居値を上げたり、顧客情報の調査範囲・手法・更新頻度等を異にしたりするなどのリスクに応じた簡素な顧客管理（SDD）を行うなど、円滑な取引の実行に配慮すること（注1）（注2）

（注1）この場合にあっても、金融機関等が我が国及び当該取引に適用される国・地域の法規制等を遵守することは、もとより当然である。

（注2）FATF、BCBS等においては、少額・日常的な個人取引を、厳格な顧客管理を要しない取引の一例として挙げている。

⑩　後記「（ⅴ）疑わしい取引の届出」における【対応が求められる事項】
　のほか、以下を含む、継続的な顧客管理を実施すること

　　イ．取引類型や顧客属性等に着目し、これらに係る自らのリスク評価や
　　　　取引モニタリングの結果も踏まえながら、調査の対象及び頻度を含む
　　　　継続的な顧客管理の方針を決定し、実施すること

　　ロ．各顧客に実施されている調査の範囲・手法等が、当該顧客の取引実
　　　　態や取引モニタリングの結果等に照らして適切か、継続的に検討する
　　　　こと

　　ハ．調査の過程での照会や調査結果を適切に管理し、関係する役職員と
　　　　共有すること

　　ニ．各顧客のリスクが高まったと想定される具体的な事象が発生した場
　　　　合等の機動的な顧客情報の確認に加え、定期的な確認に関しても、確
　　　　認の頻度を顧客のリスクに応じて異にすること

　　ホ．継続的な顧客管理により確認した顧客情報等を踏まえ、顧客リスク
　　　　評価を見直し、リスクに応じたリスク低減措置を講ずること
　　　　　特に、取引モニタリングにおいては、継続的な顧客管理を踏まえて
　　　　見直した顧客リスク評価を適切に反映すること

⑪　必要とされる情報の提供を利用者から受けられないなど、自らが定め
　る適切な顧客管理を実施できないと判断した顧客・取引等については、
　取引の謝絶を行うこと等を含め、リスク遮断を図ることを検討すること
　　　その際、マネロン・テロ資金供与対策の名目で合理的な理由なく謝絶
　等を行わないこと

犯収法に基づく取引時確認を行わなければならないのは、どのような事業者ですか。当行のクレジットカード子会社には取引時確認の義務がありますか？

A 犯収法において特定事業者として定められている事業者が、一定の類型の取引を行う場合に取引時確認をすることが求められています。銀行や信用金庫、信用組合等の預貯金取扱金融機関だけでなく、クレジットカードの発行を行う会社も特定事業者に該当し、取引時確認義務があります。

1．取引時確認の義務

　取引時確認とは、運転免許証等の本人確認資料の提示を受けて本人特定事項の確認を行う本人確認や取引の目的等の確認を行うことをいいます。これは、マネー・ローンダリングの防止のために行われているもので、取引を行うに当たって顧客の本人確認を実施し、それを記録させることで、後に捜査当局等による追跡可能性を高めるという意義があります。

　取引時確認を適切に行って、顧客の情報を把握することは、マネー・ローンダリング防止のための基本的かつ最も重要な対応です。取引時確認の実施に当たっては、常にこれを念頭に置いておくことが大切です。

　犯収法は、一定の事業者に対して取引時確認の実施を義務付けており、これらの事業者を「特定事業者」と呼んでいます。

2．特定事業者の類型

　では、どのような事業者が特定事業者に当たるとされているのでしょうか。犯収法では、以下の類型に該当する者が特定事業者とされています。

① 金融機関等

② ファイナンスリース事業者

③　クレジットカード事業者

④　宅地建物取引業者

⑤　宝石・貴金属等取扱事業者

⑥　郵便物受取サービス業者（いわゆる私設私書箱）

⑦　電話受付代行業者（いわゆる電話秘書）

⑧　電話転送サービス事業者

⑨　司法書士等の士業者

　犯収法上の特定事業者に当たる事業者は、その行う取引が類型的にマネー・ローンダリングに用いられるリスクがあるということを意味しています。最近では、ビットコインなどの暗号資産（仮想通貨）を用いたマネー・ローンダリングが行われる危険性があるのではないかとの問題意識の高まりを受けて、暗号資産（仮想通貨）の売買や交換等を取り扱う、暗号資産（仮想通貨）交換業者が新たに特定事業者に含まれることとなったほか、未施行ですがカジノ事業者も特定事業者に加えられています。

3．具体的対応

　設問のクレジットカードの発行を行う会社は、上記のとおり③の類型に当たり、特定事業者に該当します。したがって、この会社が顧客との間で一定の取引を行う場合には、取引時確認を行うことが義務付けられることとなります。

金融機関がお客様の取引時確認を行う必要があるのは、どのような場合ですか。預金口座から250万円を引き出したいとして来店されたお客様に対しては、取引時確認を行う必要がありますか？

A 犯収法上の取引時確認は、顧客との間で、マネー・ローンダリングに用いられるおそれのある一定の類型に該当する取引（これを「特定取引」といいます）を行う場合に実施することが必要となります。銀行が、お客様に現金250万円を払い出す場合には取引時確認が必要な対象取引に該当しますが、すでに取引時確認済みであるお客様との取引については、一定の条件をクリアしていれば、別途これを行う必要はありません。

1．特定取引の実施と取引時確認

　犯収法上、特定事業者が、マネー・ローンダリングに用いられるおそれのある一定の類型に該当する取引を行う場合に、取引時確認の実施が義務付けられており、このような取引を特定取引と呼んでいます。特定取引には、特定事業者の特定業務のうち、①一定の対象取引に該当する取引、②このような対象取引には当たらないものの、「顧客管理を行う上で特別の注意を要する取引に該当する取引」があります（②についてはQ22参照）。

2．対象取引の類型と除外事由

　対象取引は、犯収法施行令７条および９条に、各特定事業者の類型ごとに列挙されており、その概要は図表４のようになっています。

　ただし、対象取引の類型に当てはまる場合でも、国や地方公共団体に対する税金納付等や公共料金、入学金等の支払や、子会社等を顧客として行う取引などについては「簡素な顧客管理を行うことが許容される取引」とされ、対象取引から除かれることとなっています（犯収法施行規則４条各

【図表 4 】特定事業者の特定業務と特定取引

特定事業者	特定業務	特定取引（※）
金融機関等	金融業務	預貯金契約の締結、200 万円を超える大口現金取引 等
ファイナンスリース事業者	ファイナンスリース業務 ※途中解約できないもの、賃借人が賃貸物品の使用にともなう利益を享受し、かつ、費用を負担するものをいう	1 回の賃貸料が10 万円を超えるファイナンスリース契約の締結
クレジットカード事業者	クレジットカード業務	クレジットカード交付契約の締結
宅地建物取引業者	宅地建物の売買又はその代理若しくは媒介業務	宅地建物の売買契約の締結又はその代理若しくは媒介
宝石・貴金属等取扱事業者	貴金属（金、白金、銀及びこれらの合金）若しくは宝石（ダイヤモンドその他の貴石、半貴石及び真珠）又はこれらの製品の売買業務	代金の支払が現金で200 万円を超える宝石・貴金属等の売買契約の締結
郵便物受取サービス業者	郵便物受取サービス業務	役務提供契約の締結
電話受付代行業者	電話受付代行業務	役務提供契約の締結 ※電話による連絡を受ける際に代行業者の商号等を明示する条項を含む契約の締結は除く ※コールセンター業務等の契約の締結は除く
電話転送サービス事業者	電話転送サービス業務	役務提供契約の締結
司法書士等行政書士等公認会計士等税理士等	以下の行為の代理又は代行（特定受任行為の代理等）に係るもの ・宅地又は建物の売買に関する行為又は手続 ・会社等の設立又は合併等に関する行為又は手続 ・現金、預金、有価証券その他の財産の管理・処分 ※租税、罰金、過料等の納付は除く ※成年後見人等裁判所又は主務官庁により選任される者が職務として行う他人の財産の管理・処分は除く	以下の特定受任行為の代理等を行うことを内容とする契約の締結 ・宅地又は建物の売買に関する行為又は手続 ・会社等の設立又は合併等に関する行為又は手続 ・200 万円を超える現金、預金、有価証券その他の財産の管理又は処分※任意後見契約の締結は除く (特定業務から除かれているものは、特定取引にも該当せず、取引時確認の対象ではありません)

※列挙した取引に加え、特別の注意を要する取引も特定取引となります。
※敷居値以下の取引であっても、一回当たりの取引の金額を減少させるために一の取引を分割していることが一見して明らかなものは一の取引とみなすため、特定取引に該当する場合があります。

（出所）JAFIC「犯罪収益移転防止法の概要」（令和 2 年10月 1 日時点）

号）。これらの取引は、類型的にマネー・ローンダリング等に用いられるおそれが低いと考えられており、このような除外される取引については、疑わしい取引や同種の取引の態様と著しく異なる態様で行われる取引（Q22参照）に該当しない限り、取引時確認の義務が課せられないということになります。

3．取引時確認済みの顧客との間の取引

　犯収法上、対象取引に該当する取引を顧客との間で実施する場合には、取引時確認を行う必要があるのが原則となりますが、すでに取引時確認済みである顧客との取引については、一定の条件をクリアすれば、別途取引時確認をする必要がないという例外があります。

　この例外の適用を受けるための条件を要約すると次のとおりです。

① 過去に犯収法に基づく取引時確認を行っていること
② 当該取引時確認について、記録を作成し、保存していること
③ (i)預貯金通帳等、お客様と記録されている者とが同一であることを示す書類等の提示または送付を受ける、(ii)お客様しか知り得ない事項等の申告を受けることにより、お客様と記録されている者とが同一であることを確認する、(iii)そのお客様と面識があるなど、お客様と記録されている者とが同一であることが明らかであること
④ 記録を取引の日から７年間保存すること
⑤ なりすまし取引、取引時確認事項の偽り、疑わしい取引、同種の取引の態様と著しく異なる態様で行われる取引に該当しないこと

4．具体的対応

　銀行が、顧客に対して、預金口座から250万円を現金で払い出す取引は対象取引に該当し、特定取引として取引時確認が必要となるのが原則です。ただし、その顧客に関して、上記3で述べた要件が満たされている場合には、例外として、取引時確認を実施する必要はないということになります。

過去の口座開設時に取引時確認を実施していないお客様から、200万円を超える預金払戻しの依頼があり、取引時確認を求めたところ、頑としてこれに応じない場合、金融機関としてはどのように対応すればよいですか？

> **A** 金融機関は、当該顧客が取引時確認に応じるまでの間は、預金契約の規定にかかわらず、犯収法5条に基づき、預金の払戻しを拒むことができます。

1．特定事業者の免責

　金融機関等の特定事業者は、顧客等が特定取引等を行う際に取引時確認に応じないときは、当該顧客等がこれに応じるまでの間、当該特定取引等に係る義務の履行を拒むことができます（犯収法5条）。

　特定事業者は、特定取引を行うに際しては、顧客等に対する取引時確認を行わなければならないとされていますが（犯収法4条）、顧客等の協力が得られず取引時確認が完了していないにもかかわらず、当該特定取引に係る義務を履行した場合には、取引時確認義務違反ということになりかねません。

　一方で、犯収法のような行政取締規定を理由として債務を履行しない場合に民事上の責任を免れるか否かについては、確定的な解釈がありませんので、特定事業者が顧客等が取引時確認に応じないことを理由として当該特定取引に係る義務の履行を拒んだ場合には、当該顧客等から、預金規定に基づき、払戻義務の不履行による損害賠償請求を受ける等のリスクがあります。

　そこで、犯収法においては、顧客等が取引時確認に応じるまでの間、特定事業者に対して契約に基づく義務の履行一般を免責することにしていま

す（犯収法5条）。

2．具体的対応

　設問の事例の場合、預金口座の開設時に取引時確認は行われておらず、取引時確認済みの顧客とみなされない顧客ということになりますので、その顧客が200万円を超える現金の引出しという特定取引を行う場合には、金融機関は、その顧客に対し取引時確認を行う必要があります。

　それにもかかわらず、当該顧客が頑としてこれに応じないという場合においては、金融機関は、当該顧客が取引時確認に応じるまでの間、預金契約の規定にかかわらず、犯収法5条に基づいて預金の払戻しを拒むことができます。

「顧客管理を行う上で特別の注意を要する」取引とは、どのような取引ですか。これに該当するかどうかは、どのように判断すればよいですか？

A 「顧客管理を行う上で特別の注意を要する」取引には、①疑わしい取引、および②同種の取引の態様と著しく異なる態様で行われる取引、の２つがあり、これらに該当する場合には、対象取引の類型には当たらなくても取引時確認を行うことが必要となります。これらの該当性については、顧客から取引の申し出を受けた担当者が、当該顧客に係る顧客管理情報を踏まえて、経験に照らして判断することとなります。

1. 顧客管理を行う上で特別の注意を要する取引

　Q20で解説したとおり、犯収法によって、特定事業者は、特定取引を行う場合に取引時確認を実施することが義務付けられています。特定取引には、特定事業者の特定業務のうち、①一定の対象取引に該当する取引、②このような対象取引には当たらないものの、「顧客管理を行う上で特別の注意を要する取引に該当する取引」が含まれます。

　したがって、例えば200万円を超えない預金の払戻しのように、対象取引には該当しない類型であっても、顧客管理を行う上で特別の注意を要する取引に該当する場合には、特定取引に該当し、取引時確認が必要とされることとなります。

2. 同種の取引の態様と著しく異なる態様で行われる取引

　「顧客管理を行う上で特別の注意を要する」取引とは、①疑わしい取引、および②同種の取引の態様と著しく異なる態様で行われる取引のことをいいます。

　②の類型は、「疑わしい取引」に該当するとは直ちにいえないまでも、

その取引の態様等から類型的に疑わしい取引に該当する可能性があるもので、例えば、(i)資産や収入に見合っていると考えられる取引ではあるものの、一般的な同種の取引と比較して高額な取引、(ii)定期的に返済はなされているものの、予定外に一括して融資の返済が行われる取引など、業界における一般的な知識、経験、商慣行等に照らして、これらから著しく乖離している取引等が含まれると解されています。

3．該当性の判断について

では、取引時確認が必要とされる「顧客管理を行う上で特別の注意を要する」取引のうち、「同種の取引の態様と著しく異なる」取引に該当するかどうかについては、どのように判断すればよいのでしょうか。

この点については、該当性の調査の範囲、判断に当たっては、特別の調査や証明資料の収集・保存等は要しないと考えられていますので、基本的には、顧客から取引の申し出を受けた担当者において、当該顧客に係る顧客管理情報を踏まえて、経験に照らして判断するということになると考えられます。

こうした経験則に基づく判断が適切に行われるように、顧客に接する取引担当者としては、「同種の取引の態様と著しく異なる」取引を識別することができるよう、日々注意して業務に当たることが大切です。

お客様の取引時確認を行う場合には、どのような事項を確認する必要がありますか？

A 取引時確認において確認すべき事項は、顧客が、自然人、法人、国・地方公共団体等のいずれの類型に該当するかによって異なります。また、犯収法上の高リスク取引に該当する場合には、厳格な取引時確認が求められることとなり、確認すべき事項が追加されます。

1．取引時確認の対象事項

　取引時確認において確認すべき事項は、顧客の類型により異なります。顧客の類型には、自然人である場合、法人である場合、国や地方公共団体、人格のない社団および財団、上場会社等である場合があります。

　また、通常の取引である場合と、マネー・ローンダリング等に用いられるおそれが高い犯収法上の高リスク取引に該当する場合（Q24を参照）とで取引時確認において確認すべき事項が異なり、高リスク取引に際しては厳格な取引時確認が求められることとなります。

2．通常の取引における確認事項

　通常の取引における、自然人である顧客と、法人である顧客についての確認事項は図表5のとおりです。

【図表5】通常の取引における確認事項

自然人	法 人（※）
本人特定事項（氏名、住居、生年月日）	本人特定事項（名称、本店所在地または主たる事務所の所在地）
取引を行う目的	
職　業	事業の内容
―	実質的支配者の本人特定事項

※法人である顧客との特定取引に際しては、現に当該特定取引の任に当たっている自然人についても確認が必要です（Q29参照）。

3．高リスク取引における追加的確認事項

　また、犯収法上の高リスク取引においては、通常の取引における確認事項に追加して、その取引が200万円を超える財産の移転を伴う場合には、「資産及び収入の状況」を確認することが求められることになります。詳細については、Q24を参照してください。

犯収法上の高リスク取引とは、どのような取引ですか。また、これに該当する場合には、どのような対応が必要となりますか？

Ⓐ 犯収法では、①他の顧客等になりすましている疑いのある取引、②他の関連する取引における取引時確認の際に確認事項を偽っていた疑いのある取引、③イラン、北朝鮮の居住者等との間の特定取引、④外国PEPs等との間の特定取引が高リスク取引と規定されています。これらに該当する場合には、厳格な取引時確認が必要となり、確認すべき事項の追加や、通常の場合と異なる確認方法が求められることとなります。また、マネロン等のリスクが高いと判断した顧客については、厳格な顧客管理（EDD）の実施が求められます。

1．高リスク取引に該当する取引

Q23で解説したとおり、犯収法上、高リスク取引に該当する場合には厳格な取引時確認が必要とされることになります。

犯収法では、次の取引が高リスク取引とされています。

① 取引の相手方が、取引の基となる継続的な契約の締結に際して行われた取引時確認に係る顧客等になりすましている疑いがある場合の当該取引

② 取引の基となる継続的な契約の締結に際して取引時確認が行われた際に取引時確認に係る事項を偽っていた疑いがある顧客等との取引

③ イラン、北朝鮮に居住しまたは所在する顧客等との間の特定取引

④ 外国PEPs等との間の特定取引

一方、金融機関には、自らが提供している商品・サービスや取引形態等のリスクを包括的かつ具体的に検証し、評価した結果を踏まえて、全ての顧客について、顧客リスク評価を行うことが求められます。そうした検

証・評価によりマネー・ローンダリング等のリスクが高いと評価された場合には、ガイドラインに基づき、厳格な対応が求められることとなります。

2．高リスク取引に該当する場合の対応

（1）犯収法上の高リスク取引における追加的確認事項

　犯収法上の高リスク取引に該当する場合で、その取引が200万円を超える財産の移転を伴う場合には、通常の取引における確認事項に追加して「資産及び収入の状況」を確認することが求められることになります。

　「資産及び収入の状況」の確認は、犯罪により得られた収益についてマネー・ローンダリングが行われている疑いがないかを確認するために実施することとなりますので、顧客が当該取引を行うに相応な資産・収入を有しているかという観点から確認を行うこととなります。なお、当該事項は、疑わしい取引の届出を行うかどうか判断できる程度に行うこととされており、必ずしも顧客の資産・収入の全部を確認することが求められているものではありません。

　「資産及び収入の状況」については、次の書類を確認する方法とされています。

---

① 顧客が個人である場合
・源泉徴収票
・確定申告書
・預貯金通帳
・上記に類する資産及び収入の状況を示す書類
・当該顧客の配偶者（婚姻の届出をしていないが、事実上婚姻関係と同様の事情にある者を含む）に関する上記に掲げるもの
② 顧客が法人である場合
・貸借対照表
・損益計算書
・上記に類する資産及び収入の状況を示す書類

（2）犯収法上の高リスク取引における確認方法

　高リスク取引が、マネー・ローンダリングに用いられるおそれの高い取引であることに鑑みて、「本人特定事項」の確認方法が厳格になります。

　具体的には、通常の特定取引に際して行う確認の方法に加えて、追加の本人確認書類または補完書類の提示等を受ける方法をとることが必要となります。また、継続的な契約に基づく取引において、なりすましまたは偽りの疑いのある場合には、通常の確認方法または追加の確認方法において、継続的契約に際して確認した書類以外の書類を少なくとも１点、確認することが必要です。

　また、実質的支配者の本人特定事項についても、高リスク取引においては、株主名簿や有価証券報告書等の法人の議決権の保有状況を示す書類等を確認し、かつ当該法人の代表者等から申告を受ける方法によることが必要になります。

　また、すでに他の取引の際に取引時確認済みである顧客であっても、高リスク取引を行う場合については例外規定の適用はなく、別途、取引時確認が必要となることに、留意が必要です。

（3）ガイドラインに基づき求められる対応

　マネー・ローンダリング等のリスクが高いと判断した顧客については、以下の内容を含む、より厳格な顧客管理（EDD：Enhanced Due Diligence）を実施することが求められることとなります。

> ①　資産・収入の状況、取引の目的、職業・地位、資金源等について、リスクに応じ追加的な情報を入手すること
> ②　当該顧客との取引の実施等につき、上級管理職の承認を得ること
> ③　リスクに応じて、当該顧客が行う取引に係る敷居値の厳格化等の取引モニタリングの強化や、定期的な顧客情報の調査頻度の増加等を図ること
> ④　当該顧客と属性等が類似する他の顧客につき、顧客リスク評価の厳格化等が必要でないか検討すること

インターネットでの銀行口座の開設など、お客様と直接対面しないで行う取引の場合の取引時確認は、どのような方法で行いますか？

A お客様と直接対面しないで行う、非対面取引の場合に用いることができる取引時確認の方法の主なものとしては、①本人確認書類等の送付を受けて、住居に宛てて取引関係文書を転送不要郵便物等として送付する方法、②一定の事項を伝達する措置がとられた本人限定郵便等による方法、③電子署名法に基づく電子証明書または公的個人認証法に基づく電子証明書、および電子証明書により確認される電子署名が行われた特定取引等に関する情報の送信を受ける方法などがあります。また、オンラインで完結する自然人の本人特定事項の確認方法の追加などの法改正が行われています。

1．非対面取引

　最近では、店頭での口座開設や融資申込み等ではなく、インターネットや郵送による、いわゆる非対面での取引が行われるケースも多くなっています。このような非対面取引においては、店頭で直接顧客から本人確認書類の提示を受ける等の方法をとることはできません。こうした特性から、非対面取引は一般的にマネー・ローンダリング等に利用されるリスクが高いと考えられています。

2．個人の顧客との間の非対面取引における取引時確認

　個人の顧客との間で行う非対面取引における取引時確認の方法の主なものとしては、次のようなものがあります。

　① 顧客から、所定の本人確認書類またはその写し等の送付・送信を受けるとともに、本人確認書類等に記載されている顧客等の住居に宛てて取

引に関する文書を書留郵便等により、転送不要郵便物等として送付する方法

② 本人限定郵便（特定事業者に代わって住居を確認し、本人確認書類（顔写真付きのものに限る）の提示を受けるとともに、本人特定事項の確認を行った者の氏名などの当該者を特定するに足りる事項、本人確認書類の提示を受けた日付および時刻、本人確認書類の名称、記号番号その他の当該本人確認書類を特定するに足りる事項を特定事業者に伝達する措置がとられているものに限ります）により、顧客に対して、取引関係文書を送付する方法

③ 電子署名法に基づく電子証明書または公的個人認証法に基づく電子証明書、および電子証明書により確認される電子署名が行われた特定取引等に関する情報の送信を受ける方法

（1）転送不要郵便を用いる方法
【①原　則】

次の5つの措置のいずれかを実施した上で、顧客等の住居に宛てて取引関係文書を書留郵便等により転送不要郵便物等として送付することが必要となります。

❶ **本人確認書類の原本の送付を受ける**

この方法による場合、通常は、住民票の写しや印鑑登録証明書のような、複数枚発行される本人確認書類の原本の送付を受けることが想定されています。

❷ **ICチップ情報の送信を受ける**

ICチップは、運転免許証やマイナンバーカード、在留カードなどに組み込まれていますので、そこに記録された本人特定事項の情報の送信を受けることになります。

❸ **1枚に限り発行された本人確認書類の画像情報の送信を受ける**

これは、運転免許証やマイナンバーカード、健康保険証など、1枚に限り発行された本人確認書類を、特定事業者が提供するスマートフォンのアプリなどを用いてお客様に撮影していただき、その画像情報の送信を受け

るという方法です。そこに記載された本人特定事項が確認できる画像でなければならず、十分な解像度が要求されることをはじめ、カラー画像であること、確認時に撮影されたものであること、本人確認書類の厚みその他の特徴が確認できることが必要です。

❹　現在の住居の記載ある本人確認書類の写し２種類の送付を受ける

　改正前の実務に近いものの一つです。この方法で必要とされる本人確認書類は写真付きか否かを問いませんが、２種類ともに現在の住居が記載されている必要があります。

❺　本人確認書類の写しおよび補完書類（写しでも可）の送付を受ける

　これも、改正前の実務に近いといえますが、本人確認書類の写しに現在の住居が記載されていない場合、公共料金の領収証などの補完書類は、２

【図表６】転送不要郵便物等を用いた確認方法

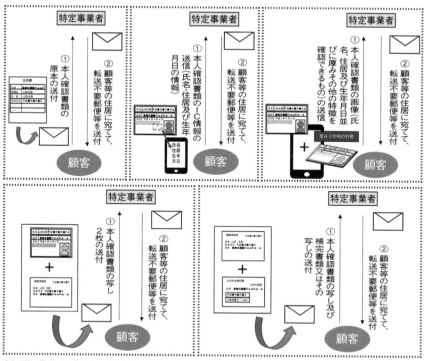

（出所）警察庁「平成30年改正犯罪収益移転防止法施行規則（平成30年11月30日公布）に関する資料」

種類必要となります。

【②例 外】

　上記の例外として、マネロンリスクの低い法人の従業員の給与受取口座の開設や、お客様に有価証券を取得させる契約などのうちマイナンバーの提供を受けているものについては、（種類を問わず）本人確認書類1つの写しの送付を受け、顧客等の住居に宛てて取引関係文書を書留郵便等により転送不要郵便物等として送付することで足ります。

　なお、法人のお客様と非対面取引を行う際に、法人の代表者等（現に特定取引等の任に当たっている個人）について非対面で取引時確認を行う場合も（Q29参照）、同様の確認方法で足ります。

（2）オンラインで完結する確認方法

　非対面取引における取引時確認について、平成30（2018）年11月30日、犯収法施行規則の改正・施行により、オンラインで完結する自然人の本人特定事項の確認方法が追加されました。以下、①〜④の方法における画像の撮影および送信は、特定事業者が提供するソフトウェアを使用することとされています。

> ①　顧客から写真付き本人確認書類の画像と本人の容貌の画像の送信を受ける方法（※静止画のみならず動画も含む）（犯収法施行規則6条1項1号ホ）
> ②　顧客から写真付き本人確認書類のICチップ情報と本人の容貌の画像の送信を受ける方法（犯収法施行規則6条1項1号ヘ）
> ③　顧客から1枚に限り発行される本人確認書類の画像またはICチップ情報の送信を受けるとともに、銀行等の預貯金取扱金融機関またはクレジットカード会社に当該顧客の本人特定事項を確認済であることを確認する方法（犯収法施行規則6条1項1号ト（1））
> ④　顧客から1枚に限り発行される本人確認書類の画像またはICチップ情報の送信を受けるとともに、当該顧客の預貯金口座（銀行等において本人特定事項を確認済であるもの）に金銭を振り込み、当該顧客から当該振込を特定するために必要な事項が記載されたインターネットバンキ

ング画面の画像等の送付を受ける方法（犯収法施行規則6条1項1号ト
（2））

【図表7】オンラインで完結する確認方法

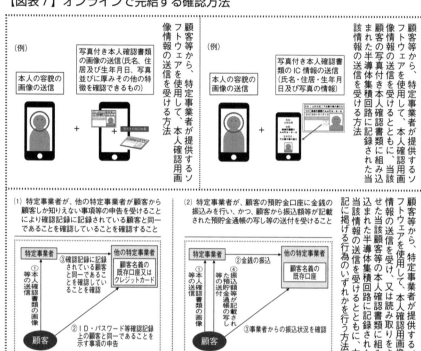

（出所）警察庁「平成30年改正犯罪収益移転防止法施行規則（平成30年11月30日公布）に関する資料」

3．法人の顧客との間の非対面取引における取引時確認

　法人の顧客との間で行う非対面取引における取引時確認の方法の主なものとしては、次のようなものがあります。

① 法人の代表者等から本人確認書類またはその写しの送付を受けるとともに、本人確認書類に記載されている当該法人の本店、主たる事務所等に宛てて取引に関する文書を書留郵便等により、転送不要郵便物等として送付する方法

② 法人の代表者等から当該法人の名称、本店または主たる事務所の所在地の申告を受け、一般社団法人民事法務協会の登記情報提供サービスを通じて登記情報の送信を受ける方法（代表権を有する役員として登記されていない者と非対面取引を行う場合は、当該法人の本店、主たる事務所等に宛てて取引に関する文書を書留郵便等により、転送不要郵便物等として送付する必要あり）

③ 法人の代表者等から当該法人の名称、本店または主たる事務所の所在地の申告を受け、国税庁の法人番号公表サイトにおいて公表されている当該法人の名称、本店または主たる事務所の所在地を確認し、当該法人の本店、主たる事務所等に宛てて取引に関する文書を書留郵便等により、転送不要郵便物等として送付する方法

④ 法人の代表者等から、商業登記法に基づき作成された電子証明書、および電子証明書により確認される電子署名が行われた特定取引等に関する情報の送信を受ける方法

取引時確認の際に用いる本人確認書類には、どのようなものがありますか？

A 犯収法で列挙されている本人確認書類には様々な種類の書類がありますが、個人、法人、外国人等、お客様の属性に応じて異なります。また、有効期限があるものについては当該期限内であることが必要であり、これがないものについては提示等の日の前6ヵ月以内に作成されたものであることが必要であるため、注意が必要です。

1．本人確認書類

取引時確認に当たっては、本人特定事項（個人については、氏名、住居、生年月日。法人については、名称、本店または主たる事務所の所在地）を本人確認書類により確認することが必要となります。

本人特定事項の確認に用いることのできる本人確認書類の種類は、犯収法に列挙されているものに限られており、顧客が個人である場合、法人である場合、外国人である場合といったように、顧客属性によって本人確認書類の種類が異なります。

なお、有効期限のある公的証明書については、提示等を受ける日に有効なものである必要があり、有効期限のないものについては、提示等を受ける日の前6ヵ月以内に作成されたものに限られることに、注意が必要です。

2．本人確認書類の種類

（1）個人の顧客に関する本人確認書類（ただし、（3）・（4）記載の外国人を除く）

顧客が個人である場合の本人確認書類として、次のようなものが認められています。以下の①〜③の区分に応じて証明力に違いがあり、確認方法が変わってきます。

① 証明力の高い書類
- 運転免許証、運転経歴証明書、在留カード、特別永住者証明書、マイナンバーカード、旅券（パスポート）等
- 上記のほか、官公庁発行書類等で氏名、住居、生年月日の記載があり、顔写真が貼付されているもの

② 証明力が中程度の書類
- 各種健康保険証、国民年金手帳、母子健康手帳、取引を行う事業者との取引に使用している印鑑に係る印鑑登録証明書等

③ 証明力が低い書類
- ②以外の印鑑登録証明書、戸籍謄本・抄本、住民票の写し・住民票記載事項証明書
- 上記のほか、官公庁発行書類等で氏名、住居、生年月日の記載があり、顔写真のないもの（個人番号の通知カードを除く）

（2）法人（ただし、（4）記載の外国法人を除く）

　顧客が法人である場合の本人確認書類として、次のようなものが認められています。

- 登記事項証明書、印鑑登録証明書
- 上記のほか官公庁発行書類で法人の名称および本店または主たる事務所の所在地の記載があるもの

（3）本邦に在留する外国人であって、その所持する旅券等の記載によって当該外国人の属する国における住居を確認することができないもの

- 氏名、生年月日の記載がある旅券または乗員手帳

（4）本邦に在留していない外国人、外国に本店または主たる事務所を有する法人

- 上記（1）・（2）記載の本人確認書類のほか、日本国政府の承認した外国政府または国際機関の発行した書類等であって、本人特定事項の記載があるもの

Q27

本人確認書類のうち、マイナンバーカード、年金手帳、健康保険証、パスポートについて、どのような点に注意が必要ですか？

A マイナンバーや基礎年金番号、被保険者等記号・番号等は、収集や告知を求めたりすることが法律上禁止されており、マイナンバー等を書き写したり、マイナンバー等が記載された部分の写しを取らない等の配慮が必要です。また、非対面取引において、マイナンバー等が記載された部分の写しの送付を受けた場合には、確認記録への添付に当たって、マスキングする等の配慮が必要です。

パスポートについては、2020年から様式が変更されており、住所が記載できなくなりましたので、他の書類で現在の住居を確認しなければなりません。

1．マイナンバーカード等の本人確認書類該当性

マイナンバーカード、国民年金手帳、健康保険証、パスポートは、犯収法上の本人確認書類として認められており、本人特定事項の確認のために使用することが可能です（Q26参照）。特に、マイナンバーカードには顔写真が付いており、単独で本人特定事項の確認が可能ですので、本人確認書類としては大変便利に利用することができます。

2．マイナンバーの取扱いにおいて注意すべき点

しかしながら、マイナンバーをその内容に含む個人情報の収集等については、「行政手続における特定の個人を識別するための番号の利用等に関する法律」（マイナンバー法）に基づいて原則として禁止されています。

したがって、本人特定事項の確認に当たって顧客からマイナンバーカードの提示を受けた場合には、特定事業者は、マイナンバーを書き写したり、マイナンバーが記載された個人番号カードの裏面の写しを取ったりすることのないよう留意する必要があります。

　また、非対面取引において、マイナンバーカードの写しの送付を受けることにより本人特定事項の確認を行う場合、カードの表面の写しのみの送付を受けることで足り、マイナンバーが記載されているカード裏面の写しの送付を受ける必要はないこととされています。仮にマイナンバーカードの裏面の写しの送付を受けた際には、当該裏面部分を復元できないようにして廃棄することや、当該書類の個人番号部分を復元できない程度にマスキングし、黒塗りした上で確認記録に添付することが必要です。

3．基礎年金番号の取扱いにおいて注意すべき点

　また、国民年金法に基づいて、基礎年金番号の告知を求めること等が禁止されていますが、犯収法の規定のとおり事務を処理している場合には、直ちにこれらの規定に反することとはなりません。ただし、基礎年金番号の取扱いについては上記禁止の趣旨を踏まえた対応が必要とされています。

　具体的には、本人確認書類として国民年金手帳の提示を受けた場合、当該年金手帳の基礎年金番号を書き写すことのないようにする必要があります。また、当該年金手帳の写しを取る際には、当該写しの基礎年金番号部分を復元できない程度にマスキングを施した上で確認記録に添付することが必要です。

　非対面取引において、国民年金手帳の写しの送付を受けることにより本人特定事項の確認を行う場合には、①あらかじめ顧客から基礎年金番号部分にマスキングを施した写しの送付を受ける、あるいは②基礎年金番号部分にマスキングが施されていない写しについては、基礎年金番号部分を復元できない程度にマスキングを施した上で確認記録に添付することが必要です。

4．健康保険証等の被保険者等記号・番号等の取扱い

　2020年10月、健康保険法の改正により、健康保険事業および関連事務以外における保険者番号、被保険者等記号・番号の告知を求めることが禁止されました。したがって、健康保険証等についてもマイナンバーや基礎年金番号の取扱いと同様、被保険者等記号・番号等を書き写すことのないよ

う、またマスキングを施すこと等の留意が必要となります。

5．新様式のパスポート（2020年旅券）

　2020年2月4日以降に内国旅券事務所および在外公館で発給申請が受理
された場合に交付される新様式のパスポート（2020年旅券）には、従来の
「所持人記入欄」がありませんので、住所を記載することができません。
そのため、他の本人確認書類や補完書類（公共料金の領収書等で、6ヵ月
以内の領収日付の押印または発行年月日の記載のあるもの）により、現在
の住居の確認をする必要があります。

Q28

お客様の取引を行う目的、職業・事業内容は、どのような方法で確認すればよいですか？

A お客様の取引を行う目的については、お客様の申告により確認します。お客様の職業・事業内容については、個人のお客様については申告により、法人のお客様については一定の書類をお客様から提示等を受け、または事業者自ら取得することにより確認することとなります。ただし、マネロン等のリスクが高いと判断される場合には、リスクに応じた追加的な質問や書面提出を求めるなどの対応を行うこととなります。

1．取引を行う目的

　取引時確認においては、顧客が取引を行う目的を確認することが求められます。全ての取引時確認において確認が必要な事項ではありますが、取引の内容からして、目的が明らかである取引も想定されるところ、そのようなものについては取引を行ったこと自体をもって、取引を行う目的の確認も行ったものと評価できると考えられています。

　取引を行う目的については、顧客から申告を受ける方法により確認します。申告の方法としては、口頭で聴取する方法のほか、電子メールやFAX等を用いる方法、書面の提出を受ける方法、チェックリストのチェックを受ける方法等が含まれるとされています。

　なお、特定事業者があらかじめ分類した目的から顧客が選択する方法も許容されており、例えば、預金口座の開設については、「生活費決済」、「貯蓄」、「投資」等が考えられます。なお、複数の目的を選択することもよいと考えられています。

2．顧客の職業・事業内容

　取引時確認においては、顧客が個人である場合には職業、法人である場合には事業内容を確認することも必要です。金融庁が公表している「犯罪

収益移転防止法に関する留意事項について」では、以下のとおり職業・事業内容の類型が参考例として示されています。

職業	事業の内容
□会社役員／団体役員 □会社員／団体職員 □公務員 □個人事業主／自営業 □パート／アルバイト／派遣社員／契約 　社員 □主婦／主夫 □学生 □退職された方／無職の方 □その他（　　　　　　　　　　　）	□農業／林業／漁業 □製造業 □建設業 □情報通信業 □運輸業 □卸売／小売業 □金融業／保険業 □不動産業 □サービス業 □その他（　　　　　　　　　　　　　　）

（1）職業の確認

　個人の職業については、顧客から申告を受ける方法により確認することとされています。職業の内容として、勤務先の名称や役職までは含まれず、上記類型のとおり「会社員」、「公務員」、「医師」、「学生」、「無職」等の分類程度でよいとされています。

　一方で、確認事項はあくまで「職業」であるため、勤務先の名称等から職業が明らかである場合を除き、勤務先の名称等の確認をもって職業の確認に代えることはできないと考えられています。

　なお、複数の職業を有している者については、その全てを確認することが必要であるものの、1つの職業を確認した場合に、他の職業を有していないかについて積極的に確認することまでは求められません。

（2）事業内容の確認

　法人の事業内容については、次のいずれかの書類を、顧客等、代表者等その他の関係者から提示または送付を受ける方法のほか、特定事業者において入手・閲覧することにより確認する方法によるとされています。

> ①　内国法人
> 　（ⅰ）定款（これに相当するものを含む）
> 　（ⅱ）有価証券報告書等、法令の規定により当該法人が作成することとされている書類で、当該法人の事業の内容の記載があるもの

(iii)　当該法人の設立の登記に係る登記事項証明書（当該法人が設立の登記をしていないときは、当該法人を所轄する行政機関の長の当該法人の事業の内容を証する書類）

(iv)　官公庁から発行され、または発給された書類その他これに類するもので、当該法人の事業の内容の記載があるもの

② 外国法人

(i)　①(i)〜(iv)の書類

(ii)　外国の法令により当該法人が作成することとされている書類で、当該法人の事業の内容の記載があるもの

(iii)　日本国政府の承認した外国政府または権限ある国際機関の発行した書類その他これに類するもので、当該法人の事業の内容の記載があるもの

　なお、法人が複数の事業を営んでいる場合には、その全てについて確認する必要がありますが、多数の事業を営んでいる場合には、取引に関連する主たる事業のみを確認することも認められるとされています。また、主たる事業が取引に関連しない場合には、基本的には取引に関連する事業を確認することが想定されています。

　Q25の3②の方法により、法人の本人特定事項の確認を行った場合、登記情報提供サービスを通じて入手した登記情報により、事業の内容を確認することも認められます。

3．リスクが高いと判断される場合の対応

　犯収法で求められている対応は、上記1・2のとおりですが、マネー・ローンダリング等のリスクが高いと判断される顧客について実施することが求められるより厳格な顧客管理においては、ガイドラインに基づき、リスクに応じて、追加的な質問をしたり、書面の提出を求めるなどの対応を行うこととなります（Q24参照）。

Q29

お客様の代理として来店した方の確認事項は何ですか。また、法人のお客様の場合は、どのようになりますか？

> **A** お客様の確認に加えて、お客様の代理として店頭に来られた方（取引担当者）の本人特定事項および委任関係の確認が必要となります。お客様が個人であるか、それ以外の場合であるかにより、委任関係の確認の方法が異なります。

1．顧客と異なる者と取引を行う場合

顧客と異なる者と取引をする場合には、顧客と直接やり取りすることができず、また、代理として来店した者が本当に権限を有するのかどうかを確認する必要があるなど、マネー・ローンダリング等を防止するための適切な対応が求められます。そのため、顧客の代理として店頭に来られた方など、特定取引等の任に当たっている個人（取引担当者）が顧客本人と異なる場合には、顧客についての確認に加えて、当該取引担当者について、その本人特定事項の確認を行うことが必要となります。

2．取引の委任関係の確認

代表者等の本人特定事項を確認する際には、その前提として、代表者等が委任状を有していること、電話により代表者等が顧客のために取引の任に当たっていることが確認できること等、当該代表者等が顧客のために特定取引等の任に当たっていると認められる事由の確認（委任関係の確認）が必要となります。

具体的には、顧客が個人である場合とそうでない場合に分けて、以下のとおり定められています。

（1）顧客が個人である場合

顧客が個人である場合には、次のような方法により確認する必要があります。

① 顧客の同居の親族または法定代理人であること
② 顧客が作成した委任状を有していること
③ 顧客への架電その他これに類する方法により確認できること
④ その他特定事業者が顧客と取引担当者との関係を認識している等の理由により、当該取引担当者が当該顧客のために、当該特定取引の任に当たっていることが明らかであること

　上記のうち、①については、住民票や戸籍謄本等の書類により確認したり、本人確認書類により姓や住居等が同一であることなどを確認すること、実際に顧客の住居に赴いて関係を確認することが必要です。②については、顧客が作成したものであると認められれば足り、特に実印や印鑑登録証明書の提出までは求められていません。③については、電話のほか、電子メール、ファクシミリ、訪問等も含まれますが、①・②と同程度に確実な確認が求められています。④については、包括規定となっていますが、これも①・②・③と同程度に厳格な確認方法、具体的には、委任状と再委任状のような複数の書類による確認や第三者への確認等などが考えられます。

（2）顧客が個人でない場合

　顧客が個人でない場合には、次のような方法により確認する必要があります。

① 顧客が作成した委任状等を有していること
② 当該取引担当者が当該顧客を代表する権限のある役員として登記されていること
③ 本店、営業所、官公署等への架電その他これに類する方法により確認できること
④ その他、特定事業者が顧客と取引担当者との関係を認識している等の理由により、当該取引担当者が当該顧客のために当該特定取引の任に当たっていることが明らかであること

　なお、④の方法としては、例えば、営業担当者が契約締結前に顧客を訪問して、取引担当者と面談を行っている場合などが考えられますが、取引

担当者が顧客の本人確認書類を有していることのみでは、委任関係の確認としては足りないと考えられています。

法人の実質的支配者を確認する必要があるのはなぜですか。また、どのような方が実質的支配者に当たりますか？

A 法人の実質的支配者は、法人をいわば隠れ蓑にしてマネー・ローンダリングを敢行するおそれがあることから、このような者の本人特定事項も確認することが求められているものです。どのような者が実質的支配者に該当するかについては、犯収法で定められており、その法人が資本多数決法人であるかどうかにより異なります。

1．実質的支配者の確認の必要性

実質的支配者とは、法人の事業経営を実質的に支配することが可能な関係にある者のことをいいますが、顧客が法人である場合、その実質的支配者を自然人まで遡って、その者の本人特定事項を確認することが求められています。

これは、実質的支配者は、法人をいわば隠れ蓑にしてマネー・ローンダリングを敢行するおそれがあり、こうした者の本人特定事項を把握しておくことが必要であると考えられているためです。

2．実質的支配者に該当する者

どのような者が実質的支配者に該当するかについては犯収法で定められており、資本多数決法人であるかどうかによって、以下のように区分されてます。なお、ガイドラインにおける実質的支配者の定義も、犯収法と同一です（平成30年パブコメ回答71）。

（1）資本多数決法人

資本多数決法人とは、株式会社、有限会社、投資法人、特定目的会社等をいい、その実質的支配者は次のとおりとなります。

① 当該法人の議決権の総数の４分の１を超える議決権を直接または間接に保有していると認められる自然人（当該法人の事業経営を実質的に支配する意思または能力を有していないことが明らかな場合、または他の自然人が当該法人の議決権の２分の１を超える議決権を直接または間接に有している場合を除く）があるもの

→当該自然人

② ①以外の法人のうち、出資、融資、取引その他の関係を通じて当該法人の事業活動に支配的な影響力を有すると認められる自然人があるもの

→当該自然人

③ 上記①および②の自然人がない法人

→当該法人を代表し、その業務を執行する自然人

　なお、上記の議決権の算定においては、会社法308条１項の規定等により行使することができないとされている議決権は含まれますが、役員等の選任および定款の変更に関する議案等の全部について株主総会等で議決権を行使することができないものについては除くこととされています。

　上記③の自然人に関し、当該法人において代表取締役が複数名存在する場合であっても、例えば病気等により業務執行を行うことができない代表取締役は、実質的支配者には該当しないと考えられています。

（２）資本多数決法人以外の法人

　資本多数決法人以外の法人とは、一般社団・財団法人、学校法人、宗教法人、医療法人、社会福祉法人、特定非営利活動法人、持分会社等をいい、その実質的支配者は次のとおりです。

① （i）当該法人の事業から生ずる収益または当該事業に係る財産の総額の４分の１を超える収益の配当または財産の分配を受ける権利を有していると認められる自然人（当該法人の事業経営を実質的に支配する意思または能力を有していないことが明らかな場合、または他の自然人が当該法人の事業から生ずる収益もしくは当該事業に係る財産の総額の２分の１を超える収益の配当もしくは財産の分配を受ける権利を有している他

の自然人がある場合を除く）があるもの、(ii)出資、融資、取引その他の関係を通じて当該法人の事業活動に支配的な影響力を有すると認められる自然人があるもの
→当該自然人（(i)と(ii)がそれぞれいる場合にはその両方）
② 上記①の自然人がない法人
→当該法人を代表し、その業務を執行する自然人

【図表8】実質的支配者の確認

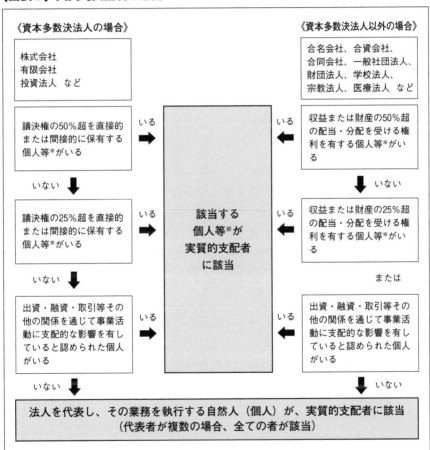

※実質的支配者は、原則、自然人（個人）であるが、国・地方公共団体・上場企業等（国等およびその子会社）は自然人とみなされ、これに該当する（犯収法施行規則11条4項）。

Q31

法人の実質的支配者は、どのように確認すればよいですか？

A 犯収法上、通常の取引の場合には、顧客の代表者等から申告を受ける方法によります。また、高リスク取引の場合には、これに加えて、一定の書類またはその写しを確認することが必要とされています。しかし、申告で足る場合でもリスクベース・アプローチに基づき、リスクに応じてエビデンスを求めることが必要となる場合もあると考えられます。

1．通常の取引における確認方法

犯収法では、通常の取引に際して法人の実質的支配者の本人特定事項を確認する方法は、顧客の代表者等から申告を受ける方法とされています。

他方、ガイドラインでは、「信頼に足る証跡を求めてこれを行うこと」が求められています。Q30で見たような、実質的支配者が法人を隠れ蓑にしてマネー・ローンダリング等を敢行するおそれに鑑みれば、リスクが高い場合については、申告ではなく書類等の提出を求めて確認することも必要になると考えられます（平成30年パブコメ回答79等参照）。

2．高リスク取引における確認方法

通常の取引時確認の場合と異なり、高リスク取引においては、マネー・ローンダリングに用いられるリスクに鑑みて、より厳格な確認方法として、顧客の代表者等から申告を受ける方法に追加して、次の書類またはその写しを確認することが求められることになります。確認が求められる書類の種類も、資本多数決法人であるかどうかによって異なります。

① 資本多数決法人の場合
株主名簿、有価証券報告書その他これらに類する当該法人の議決権の保有状況を示す書類

② 資本多数決法人以外の法人の場合

　登記事項証明書、官公庁から発行され、または発給された書類その他こ
れに類するもので、当該法人を代表する権限を有している者を証するもの

外国PEPsとは、どのような方ですか。外国PEPs の方との取引が高リスク取引とされているのはなぜ ですか?

A 外国PEPsとは、外国政府等において重要な地位を占める者の ことをいいます。国際的には、PEPsやその近親者は、その地 位を利用して贈収賄等の犯罪を行い、マネー・ローンダリングを敢行す るおそれが高いと認識されており、犯収法でも一定の範囲の者を外国 PEPsとして定義し、これらの者との間の取引を高リスク取引としてい ます。

1．外国PEPsとは

　PEPsとは、"Politically Exposed Persons" の略称であり、政府等にお いて重要な地位を占めている者のことをいいます。国際的には、これらの 者はその地位を利用して贈収賄等の犯罪を行い、当該犯罪から得られた犯 罪収益を隠匿するためにマネー・ローンダリングを敢行するおそれが高い と認識されています。

　そのため、各国のマネー・ローンダリング対策についての相互審査等を 実施するFATFにおいても、外国PEPsについては厳格な顧客管理を実施 することが求められており、犯収法においても平成26年改正により、外国 PEPsとの取引について、なりすまし・偽り取引やイラン・北朝鮮との取 引と同様に、高リスク取引の類型の1つとして追加されることとなりまし た。

　なお、国内のPEPsについては、マネー・ローンダリング対策の有効性 を直接把握できない外国PEPsとは対策の必要性の程度が異なると考えら れ、慎重な検討が必要であることから、犯収法の平成26年改正においては 規定が設けられませんでした。

2　犯収法における外国PEPsの範囲

犯収法上、外国PEPsに該当する者は以下のとおりとされています。

① 外国の元首および外国の政府、中央銀行その他これらに類する機関において重要な地位を占める者として以下の者ならびにこれらの者であった者

　(i)　わが国における内閣総理大臣その他の国務大臣および副大臣に相当する職

　(ii)　わが国における衆議院議長、衆議院副議長、参議院議長または参議院副議長に相当する職

　(iii)　わが国における最高裁判所の裁判官に相当する職

　(iv)　わが国における特命全権大使、特命全権公使、特派大使、政府代表または全権委員に相当する職

　(v)　わが国における統合幕僚長、統合幕僚副長、陸上幕僚長、陸上幕僚副長、海上幕僚長、海上幕僚副長、航空幕僚長または航空幕僚副長に相当する職

　(vi)　中央銀行の役員

　(vii)　予算について国会の議決を経ること、または承認を受けなければならない法人の役員

② ①に掲げる者の家族（配偶者（婚姻の届出をしていないが、事実上婚姻関係と同様の事情にある者を含む）、父母、子および兄弟姉妹ならびにこれらの者以外の配偶者の父母および子をいう）

③ 法人であって、①・②に掲げる者がその事業経営の実質的支配者であるもの

　なお、顧客が日本人であっても、日本に居住する日本人が外国PEPsに該当する可能性もあることから、外国PEPsであるかどうかの確認の対象を日本に居住していない者に限定することは適切ではないと考えられています（平成27年パブコメ回答26）。

Q33

お客様が外国PEPsに該当するかどうかは、どのように確認すればよいですか？

> **A** 厳格な取引時確認の要否を判断する前提として、お客様が外国PEPsに該当するかどうかを確認する必要があります。具体的にどのような方法をとるべきかについて、決まった方法が求められているわけではなく、商業用データベースの活用や、インターネットでの検索、顧客から申告を受ける方法などが考えられます。

1．外国PEPsであることの確認の必要性

　顧客が外国PEPsに該当する場合には、犯収法上の高リスク取引として、通常の取引とは異なり厳格な取引時確認が必要とされることとなります。そのため、顧客が外国PEPsに該当するかどうかを確認することが求められることとなります。

2．外国PEPsであることの確認方法

（1）確認の方法

　顧客が外国PEPsであることの確認は、①商業用データベースを活用して確認する方法のほか、②インターネット等の公刊情報を活用して確認する方法、③顧客に申告を求める方法等が考えられるとされており、特に決まった確認方法が求められているわけではありません。特定事業者がその事業規模や顧客層を踏まえて、合理的と考えられる方法により行われることが必要であり、確認ができた範囲で厳格な顧客管理を行うこととなります。実務的には、顧客からの外国PEPs該当性の申告に加えて、商業用データベース等による検索とを併用している場合もあるようです。

　なお、顧客に申告を求める方法による場合、その申告を求める具体的な方法は、各特定事業者が、事業規模や顧客層を踏まえて合理的と考えられる方法により行われることとなり、申込用紙にチェック欄を設けて記入を

求めることも1つの方法として考えられています（平成27年パブコメ回答25）。

（2）過去に外国PEPsであった者や家族の確認

　Q32のとおり、過去に外国PEPsであった者も犯収法上の厳格な取引時確認の対象となりますが、このような過去に外国PEPsであった者を網羅的に捕捉するシステムの整備までが義務付けられているものではありません。

　また、外国PEPsの家族に該当するかどうかの確認方法についても、特に決まった方法が求められているわけではなく、各特定事業者において合理的と考えられる方法により確認がなされるべきと考えられています。

　なお、商業用データベースの中には、過去に外国PEPsであった者や外国PEPsの家族についてもデータとして検索が可能なものもあり、このようなデータベースを活用することも考えられます。

Q34

マネー・ローンダリング等のリスク遮断とはどういうことですか。どのような場合でも遮断の対応をとることは可能ですか？

> **A** リスク遮断とは、金融機関各自が定める適切な顧客管理を実施できないと判断した顧客や取引について、新たに取引を行うことを謝絶すること、すでに成立している取引を解約することをいいます。これらの対応は無制限に可能なものではなく、法的な問題も考慮した慎重な検討が必要となります。

1．リスク遮断とは

　マネー・ローンダリング等のリスク低減のため、金融機関は適切な顧客管理を実施することが求められていますが、そのために必要な情報の提供を顧客が拒む場合や、提供された情報が虚偽の可能性がある疑わしいものであり、マネー・ローンダリング等のリスクがあると考えられるような場合があります。

　このような場合に、当該顧客との取引を新たに実施することを謝絶することや、すでに実施している取引を解消することを、マネー・ローンダリング等のリスク遮断といいます。

　ガイドラインでは、リスク遮断について、次のように規定しています（ガイドラインⅡ-2（3）（ⅱ）「顧客管理（カスタマー・デュー・ディリジェンス：CDD）【対応が求められる事項】⑪)。

> ⑪　必要とされる情報の提供を利用者から受けられないなど、自らが定める適切な顧客管理を実施できないと判断した顧客・取引等については、取引の謝絶を行うこと等を含め、リスク遮断を図ることを検討すること
> 　その際、マネロン・テロ資金供与対策の名目で合理的な理由なく謝絶等を行わないこと

2．リスク遮断の実施における留意点

　それでは、こうしたリスク遮断は、どのような場合でも可能なのでしょうか。リスク遮断は、顧客が求める金融サービスを提供しないこととするものであり、これに伴って生じる別のリスクにも配慮することが必要です。特に、顧客との間で紛争となるおそれがある対応であるため、法的な根拠について慎重に検討しておくべきでしょう。

（1）契約自由の原則と権利の濫用

　まず、預金口座の開設の申込みや外国送金の依頼が新たにあるなど、新規に顧客と取引関係を持つ場合には、いわゆる契約自由の原則が働く場面であるといえます。つまり、顧客からの申込みに応諾するか否かについて金融機関側に裁量があり、申込みを断ることも自由であるという原則です。ただし、こうした契約自由の原則も無制限なものではなく、何らの具体的かつ合理的な理由もなく取引謝絶を行うことは、権利の濫用（民法1条3項）等に該当するおそれもあるため、十分に注意が必要です。

（2）リスクベース・アプローチと契約解消の根拠規定

　顧客との間ですでに成立している取引関係を解消する場合には、契約の拘束力を解く必要があるため、取引に関する契約においてそうした対応の根拠となる規定等が設けられていることが原則として必要となります。例えば、従来の普通預金規定ひな型においては、預金が公序良俗に反する場合等に取引停止・口座解約をすることを許容する規定が存在し、こうした規定に基づいてリスク遮断を図ることが考えられます。

　ただ、このような従来の規定は、リスクベース・アプローチが求められる中で、マネー・ローンダリング等のリスクに応じた取引の一部制限等の措置を柔軟にとることができるかについては、必ずしも明確ではなかったため、一般社団法人全国銀行協会が、「金融庁『マネー・ローンダリング及びテロ資金供与対策に関するガイドライン』を踏まえた普通預金規定・参考例について」を公表しました（Q35参照）。各金融機関においては、こうした参考例に従って改定した預金規定等に基づいた対応を行うことが考えられます。

（3）合理的理由のない謝絶は不可

　上記のとおり、ガイドラインでも、「マネロン・テロ資金供与対策の名目で合理的な理由なく謝絶等を行わないこと」に言及されており、金融サービスという重要な機能を担っている金融機関においては、リスク遮断についても、慎重かつ十分な検討の上での対応が求められていることを理解しておくことが重要です。

全国銀行協会の「金融庁『マネー・ローンダリング及びテロ資金供与対策に関するガイドライン』を踏まえた普通預金規定・参考例について」とは、どのような内容ですか？

A 参考例は、マネー・ローンダリング等の疑いのある場合に、「取引の制限等」と口座の「解約等」を行うことを可能とする内容の条項を普通預金規定に定めるものです。

1．参考例が公表された背景

Q34のとおり、金融機関は、自らが定める適切な顧客管理を実施できないと判断した顧客や取引について、リスクベース・アプローチに基づき、リスク遮断を図ることを検討することが求められているところ、顧客との既存の取引を解消するためには、契約上の規定に基づいた対応が必要となります。

この点、普通預金取引に適用される従来の預金規定においては、リスクベース・アプローチが求められる中で、マネー・ローンダリング等のリスクに応じた取引の一部制限等の措置を柔軟にとることができるかについて、必ずしも明確ではないという問題意識があったことから、一般社団法人全国銀行協会が、平成31（2019）年4月4日に「金融庁『マネー・ローンダリング及びテロ資金供与対策に関するガイドライン』を踏まえた普通預金規定・参考例について」（以下、「本参考例」）を公表したものです。

こうした背景の下、取引に係るリスクに応じた遮断措置をとることができるよう、本参考例では、「取引の制限等」と口座の「解約等」を行うことを可能とする内容の条項が定められています。

2．取引の制限等

本参考例では、マネー・ローンダリング等のおそれのある取引の一部を

【図表9】普通預金規定・参考例（太字部分が改訂・新設箇所）

○. （取引の制限等）
（1）**当行は、預金者の情報および具体的な取引の内容等を適切に把握するため、提出期限を指定して各種確認や資料の提出を求めることがあります。預金者から正当な理由なく指定した期限までに回答いただけない場合には、入金、払戻し等の本規定にもとづく取引の一部を制限する場合があります。**
（2）**前項の各種確認や資料の提出の求めに対する預金者の回答、具体的な取引の内容、預金者の説明内容およびその他の事情を考慮して、当行がマネー・ローンダリング、テロ資金供与、もしくは経済制裁関係法令等への抵触のおそれがあると判断した場合には、入金、払戻し等の本規定にもとづく取引の一部を制限する場合があります。**
（3）**前2項に定めるいずれの取引の制限についても、預金者からの説明等にもとづき、マネー・ローンダリング、テロ資金供与、または経済制裁関係法令等への抵触のおそれが合理的に解消されたと当行が認める場合、当行は当該取引の制限を解除します。**

11. （解約等）
（1）この預金口座を解約する場合には、この通帳を持参のうえ、当店に申出てください。
（2）次の各号の一にでも該当した場合には、当行はこの預金取引を停止し、または預金者に通知することによりこの預金口座を解約することができるものとします。なお、通知により解約する場合、到達のいかんにかかわらず、当行が解約の通知を届出のあった氏名、住所にあてて発信した時に解約されたものとします。
① この預金口座の名義人が存在しないことが明らかになった場合または預金口座の名義人の意思によらずに開設されたことが明らかになった場合
② この預金の預金者が**第9条**第1項に違反した場合
③ **この預金がマネー・ローンダリング、テロ資金供与、経済制裁関係法令等に抵触する取引に利用され、またはそのおそれがあると合理的に認められる場合**
④ この預金が法令や公序良俗に反する行為に利用され、またはそのおそれがあると認められる場合
（3）この預金が、当行が別途表示する一定の期間預金者による利用がなく、かつ残高が一定の金額をこえることがない場合には、当行はこの預金取引を停止し、または預金者に通知することによりこの預金口座を解約することができるものとします。また、法令に基づく場合にも同様にできるものとします。
（4）前2項により、この預金口座が解約され残高がある場合、またはこの預金取引が停止されその解除を求める場合には、通帳を持参のうえ、当店に申出てください。この場合、当行は相当の期間をおき、必要な書類等の提出または保証人を求めることがあります。

制限することが可能であることを明らかにするために、「取引の制限等」に関する条項が新たに設けられています。

まず、第1項では、顧客管理を適切に実施するために、顧客情報や具体的な取引の内容等を把握することを可能とする目的で、金融機関が顧客に対して、提出期限を指定して各種確認や資料の提出を求めることができることが規定されています。

第2項では、第1項に基づく確認や資料提出の求めに対する顧客の回答、具体的な取引の内容、顧客の説明内容およびその他の事情を考慮して、金融機関がマネー・ローンダリング等のおそれがあると判断した場合に、入金や払戻し等の預金口座取引の一部を制限することができることを定めています。

そして、第3項では、第2項により実施された取引の制限について、顧客からの説明等によって、マネー・ローンダリング等のおそれが合理的に解消されたと金融機関が認める場合には、取引の制限を解除すべきことを規定しています。

3．取引の解約等

従来の預金規定上も、「法令や公序良俗に反する行為に利用され、またはそのおそれがあると認められる場合」という預金口座の停止・解約（以下、「解約等」）事由が定められていることが一般的で、マネー・ローンダリング等のおそれがある場合には、当該事由に基づいて取引の解約等を行うことが考えられました。

しかし、マネー・ローンダリング等のリスクに対する遮断措置を確実に実行することができるようにするために、本参考例では、独立の解約等事由として、新たに「預金がマネー・ローンダリング、テロ資金供与、経済制裁関係法令等に抵触する取引に利用され、またはそのおそれがあると合理的に認められる場合」が追加されています。

4．留意点

本参考例の規定を参照して各金融機関が普通預金規定を改定し、それに基づいた対応をとっていくに当たっては、顧客の利益に直接的な影響を及ぼすものであることに鑑みれば、慎重かつ十分な検討が行われる必要があ

ります。

　具体的には、当該規定の適用の根拠となる事情が客観的に認められることや、取引制限等や解約等のとろうとする対応の内容が、直面しているマネー・ローンダリング等のリスクの高低に照らして適切なものであること、すなわち、リスクに照らして過剰な措置となっていないこと等についての検討が必須といえるでしょう。

　適切な検討を経ないでなされる対応については、ガイドラインで言及されている「マネロン・テロ資金供与対策の名目で合理的な理由なく謝絶等を行わないこと」に抵触する可能性があり、実体法的にも、権利の濫用（民法1条3項）等に該当して、解約等が無効とされるおそれもあるといえます。

確認記録の作成・保存について教えてください。

> **A** 　特定事業者は、取引時確認を行った場合には、直ちに、確認記録を作成しなければならず、特定取引等に係る契約が終了した日から7年間保存しなければなりません。

1．確認記録の作成・保存義務

　犯収法に基づく特定事業者が取引時確認を行った場合には、直ちに確認記録を作成し、特定取引等に係る契約が終了した日から7年間保存しなければなりません（犯収法6条1項）。

2．確認記録の記録事項

　確認記録への記録事項は、犯収法施行規則20条1項各号に記載されている以下の事項です。

> ① 本人特定事項等
> ・顧客の本人特定事項（個人：氏名・住居・生年月日、法人：名称・所在地）
> ・代表者等による取引のときは、当該代表者等の本人特定事項、当該代表者等と顧客との関係および当該代表者等が顧客のために取引の任に当たっていると認めた理由
> ・国、地方公共団体、上場企業等（国等）との取引に当たっては、当該国等を特定するに足りる事項
> ・取引を行う目的
> ・職業または事業の内容（顧客が法人である場合には、事業の内容の確認を行った方法および確認をした書類の名称等）
> ・顧客が法人であるときは、実質的支配者の本人特定事項、実質的支配

者と顧客との関係、その確認を行った方法（当該確認に書類を用いた場合には、確認をした書類の名称等）

・資産および収入の状況の確認を行った場合には、その確認を行った方法および確認をした書類の名称等

・顧客が自己の氏名および名称と異なる名義を取引に用いるときは、当該名義ならびに異なる名義を用いる理由

・取引記録を検索するための口座番号その他の事項

・なりすましまたは偽りが疑われる取引のときは、関連取引時確認に係る確認記録を検索するための事項

② 本人特定事項の確認のためにとった措置等

・本人確認書類の名称、記号番号、その他本人確認書類を特定するに足りる事項

・本人特定事項の確認を行った方法

・本人確認書類または補完書類の提示を受けたとき（高リスク取引に際して追加の書類として提示を受けたときを除く）は、その日付および時刻

・本人確認書類もしくは補完書類またはその写しの送付を受けたときは、その日付（当該本人確認書類またはその写しを必ず添付）

・顧客または代表者等に取引関係文書を送付する方法で本人特定事項の確認を行ったときは、事業者から取引関係文書を送付した日付

・写真付き本人確認書類の画像および本人の容貌の画像の送信を受ける方法（犯収法施行規則6条1項1号ホ）による確認を行ったときは、本人確認用画像情報の送信を受けた日付

・写真付き本人確認書類のICチップ情報の送信および本人の容貌の画像の送信を受ける方法（犯収法施行規則6条1項1号ヘ）による確認を行ったときは、本人確認用画像情報の送信を受けた日付およびICチップ情報の送信を受けた日付

・1枚に限り発行される本人確認書類の画像またはICチップ情報の送信を受け、銀行等に当該顧客が本人確認済みであることを確認する方

法（犯収法施行規則 6 条 1 項 1 号ト（1））、または、それらの送信を受け、当該顧客の預貯金口座に金銭を振り込み、当該顧客から当該振込みを特定するために必要な事項が記載された画像等の送付を受ける方法（犯収法施行規則 6 条 1 項 1 号ト（2））による確認を行ったときは、本人確認用画像情報の送信を受けた日付またはICチップ情報の送信を受けた日付、銀行等に対する確認または顧客宛の振込みおよび振込みを特定するための画像等の送付を受けた日付

・本人確認書類の原本の送付を受け、またはICチップ情報もしくは 1 枚に限り発行された本人確認書類の画像情報の送信を受け、顧客の住居に宛てて取引関係文書を送付する方法による確認を行ったときは、本人確認書類の原本の送付またはICチップ情報もしくは画像情報の送信を受けた日付

・法人顧客について本人特定事項の申告および登記情報の送信を受ける方法による確認を行ったときは、登記情報の送信を受けた日付

・法人顧客について本人特定事項の申告および法人番号公表サイトの公表事項を確認する方法による確認を行ったときは、公表事項を確認した日付

・特定事業者の職員が顧客または代表者等の住居等に赴いて取引関係文書を交付したときは、その日付

・法人顧客について、本人確認書類または補完書類に記載のある営業所等に取引関係文書を送付することまたは当該営業所等に赴いて取引関係文書を交付したときは、営業所の名称、所在地その他当該場所を特定するに足りる事項および当該場所の確認の際に提示を受けた本人確認書類または補完書類の名称、記号番号その他の当該書類を特定するに足りる事項（書類またはその写しの送付を受けたときには当該書類またはその写しを必ず添付）

・本人確認書類に現在の住居等の記載がないため、他の本人確認書類または補完書類の提示を受けることにより住居等の確認を行ったときは、当該確認に用いた本人確認書類または補完書類の名称、記号番号その

他の当該書類を特定するに足りる事項（書類またはその写しの送付を受けたときには当該書類またはその写しを必ず添付）

③　その他
・取引時確認を行った者の氏名、その他当該者を特定するに足りる事項
・確認記録の作成者の氏名、その他当該者を特定するに足りる事項
・高リスク取引に際して追加で書類の提示または送付を受けたときは、その日付
・取引を行う目的、職業・事業の内容、実質的支配者（法人のみ）または資産および収入の確認を行ったときは、その日付
・取引時確認を行った取引の種類
・顧客が外国PEPs等であるときは、その旨およびそうであると認めた理由
・顧客が本邦に住居を有しない旅行者等の短期在留者であって、上陸許可の証印等により在留期間の確認を行った場合には、上陸許可の証印等の名称、日付、番号その他当該証印等を特定するに足りる事項

3．確認書類の特定における留意事項

　取引時確認の本人確認書類として、マイナンバーカードが用いられた場合、確認記録には、本人確認書類を特定するに足りる事項として、マイナンバー以外の事項（例えば、発行者や有効期間）を記載することとなります。

　同様に、国民年金手帳や健康保険証が本人確認書類として用いられた場合、確認記録には、本人確認書類を特定するに足りる事項として、基礎年金番号や被保険者等記号・番号等以外の事項（例えば、交付年月日等の国民年金手帳や健康保険証に記載されている事項）を記載することとなります。

Q37

取引記録の作成・保存について教えてください。

> Ⓐ 特定事業者は、特定業務に係る取引を行った場合には、直ちに
> その取引等に関する記録を作成し、当該取引の行われた日から
> 7年間保存しなければなりません。

1．取引記録の作成・保存義務

　犯収法に基づく特定事業者は、特定業務に係る取引を行った場合には、直ちにその取引等に関する記録を作成し、当該取引の行われた日から7年間保存しなければなりません（犯収法7条1項・3項）。

2．取引記録の記録事項

　取引記録の記録事項は、犯収法施行規則24条各号に記載されている下記の事項です。

　なお、このように取引記録等の作成・保存が必要とされているのは特定業務に係る取引についてであることから、特定取引等に当たらない取引でも、特定業務に含まれるものであれば、取引記録の作成が必要となり得ることに留意が必要です。

> ・口座番号その他の顧客等の確認記録を検索するための事項（確認記録がない場合にあっては、氏名その他の顧客等または取引もしくは特定受任行為の代理等を特定するに足りる事項）
> ・取引の日付
> ・取引の種類
> ・取引に係る財産の価額
> ・財産移転を伴う取引にあっては、当該取引および当該財産移転に係る移転元または移転先（当該特定事業者が行う取引が当該財産移転に係る取

引、行為または手続の一部分である場合は、それを行った際に知り得た限度において最初の移転元または最後の移転先をいう。以下同じ）の名義その他の当該財産移転に係る移転元または移転先を特定するに足りる事項

・上記各事項のほか、顧客との間で行う国内の為替取引が当該取引を行う特定金融機関と移転元または移転先に係る特定金融機関（以下「他の特定金融機関」という）との間の資金決済を伴うものであり、かつ、当該取引に係る情報の授受が当該取引を行う顧客に係る特定金融機関と当該他の特定金融機関との間において電磁的方法により行われる場合には、次のイまたはロに掲げる区分に応じ、それぞれ当該イまたはロに定めることを行うに足りる事項

イ　他の特定金融機関への資金の支払を伴う取引である場合　他の特定金融機関から当該他の特定金融機関に保存されている取引記録等に基づき当該取引に係る顧客の確認を求められたときに、求められた日から3営業日以内に当該取引を特定して当該顧客の確認記録を検索すること（確認記録がない場合にあっては、求められた日から3営業日以内に当該取引および氏名または名称その他の当該顧客に関する事項を特定すること）。

ロ　他の特定金融機関からの資金の受取を伴う取引である場合　他の特定金融機関との間で授受される当該取引に係る情報を検索すること

・上記各事項のほか、次のイからハまでに掲げる場合においては、当該イからハまでに定める事項

イ　特定金融機関が犯収法10条1項の規定により他の特定金融機関または外国所在為替取引業者に通知する場合　当該通知をした事項

ロ　特定金融機関が外国所在為替取引業者から犯収法10条の規定に相当する外国の法令の規定による通知を受けて外国から本邦へ向けた支払の委託または再委託を受けた場合であって、当該支払を他の特定金融機関または外国所在為替取引業者に再委託しないとき　当該通知を受けた事項

八　特定金融機関が他の特定金融機関から犯収法10条3項または4項の
規定による通知を受けて外国から本邦へ向けた支払の委託または再委
託を受けた場合であって、当該支払を他の特定金融機関または外国所
在為替取引業者に再委託しないとき　当該通知を受けた事項

　また、特定業務に係る取引であっても取引記録等の作成・保存等の義務
が除外される取引が規定されており（犯収法施行令15条、犯収法施行規則
22条）、その中で、金融機関に関するものは下記のとおりです。

・財産の移動を伴わない取引（残高照会など）
・1万円以下の財産の移転に係る取引

　なお、取引記録の作成・保存等の義務から除外される取引に該当する場
合でも、疑わしい取引の届出義務からは除外されないことには注意が必要
です。

3．ガイドラインにおいて対応が求められる記録保存措置

　ガイドラインは、金融機関が保存する確認記録や取引記録について、自
らの顧客管理の状況や結果等を示すものであるほか、当局への必要なデー
タの提出や疑わしい取引の届出の要否の判断等にも、必須の情報であると
位置付けています。

　その上で、ガイドラインは、対応が求められる事項として、本人確認資
料等の証跡のほか、顧客との取引・照会等の記録等、適切なマネー・ロー
ンダリングおよびテロ資金供与対策の実施に必要な記録を保存することを
挙げています（ガイドラインⅡ-2（3）（iv）「記録の保存」）。

取引モニタリング・フィルタリングとはどういった措置でしょうか。具体的にどのようなことが求められていますか？

A 疑わしい取引の届出につながるような取引について取引振り等を通じて検知することを取引モニタリング、送金先等の取引関係者を制裁対象者リストと照合して検知することを取引フィルタリングと呼んでいます。ガイドラインでは、これらの低減措置を実施することが求められており、適切なシステムを構築・維持・高度化することが必要となります。

1．取引モニタリング・フィルタリングとは

　マネロン・テロ資金供与リスクの低減措置としては、顧客管理に加えて、実施しようとする取引に着目した上で、異常な取引を検知したり、各国の制裁対象とされている取引を検知する等してリスク低減を図るということが行われています。

　こうした措置のうち、疑わしい取引の届出につながるような取引について取引振り等を通じて検知することを取引モニタリング、送金先等の取引関係者を制裁対象者リストと照合して検知することを取引フィルタリングと呼んでいます。

2．取引モニタリング・フィルタリングに関して求められる事項

　大量の取引を実施する金融機関においては、上記のような取引モニタリング・フィルタリングを適切に行おうとすると、担当者の目だけで網羅的にチェックすることは現実的ではありませんので、システム対応を行うことが必要不可欠となってきます。当然のことながら、こうしたシステムの構築・維持・高度化には相応の投資が必要となり、一朝一夕に整備できるものではありません。

　一方で、2021年2月に改正されたガイドラインでは、取引モニタリング・フィルタリングに関して、次のような点が求められる事項とされることとなりました（ガイドラインⅡ-2（3）「リスクの低減」(ⅲ) 取引モニタリング・フィルタリング）。

①　疑わしい取引の届出につながる取引等について、リスクに応じて検知するため、以下を含む、取引モニタリングに関する適切な体制を構築し、整備すること
　イ．自らのリスク評価を反映したシナリオ・敷居値等の抽出基準を設定すること
　ロ．上記イの基準に基づく検知結果や疑わしい取引の届出状況等を踏まえ、届出をした取引の特徴（業種・地域等）や現行の抽出基準（シナリオ・敷居値等）の有効性を分析し、シナリオ・敷居値等の抽出基準について改善を図ること
②　制裁対象取引について、リスクに応じて検知するため、以下を含む、取引フィルタリングに関する適切な体制を構築し、整備すること
　イ．取引の内容（送金先、取引関係者（その実質的支配者を含む）、輸出入品目等）について照合対象となる制裁リストが最新のものとなっているか、及び制裁対象の検知基準がリスクに応じた適切な設定となっているかを検証するなど、的確な運用を図ること
　ロ．国際連合安全保障理事会決議等で経済制裁対象者等が指定された際には、遅滞なく照合するなど、国内外の制裁に係る法規制等の遵守その他リスクに応じた必要な措置を講ずること

　上記の事項に対応するためには、取引モニタリング・フィルタリングのためのシステム導入が必須と考えられますが、それに留まらず、当該システムおよびその内容について継続的なメンテナンスが必要となります。
　取引モニタリングシステムにおいては、シナリオや敷居値を自己のリスク評価に即したものに設定した上で、PDCAサイクルに基づいて継続的に見直していくことが必要とされています。
　また、取引フィルタリングシステムについては、経済制裁の対象につい

て「遅滞なく」照合することができることが求められています。当該経済制裁としては、国連安保理決議における指定のみならず、米国やEUの経済制裁もカバーすることが一般的ですが、現在のようにグローバルな政治情勢の中で経済制裁が多用されて、制裁内容が日々変動する状況にあっては、こうした動きを適時適切にキャッチする体制が必要となってきます。

　こうした対応に必要となる継続的なシステム投資についても、必要なコンプライアンスコストとして適切に拠出していくことが求められているものと考えられます。

Q39

犯収法において求められる取引時確認等を的確に行うための措置の概要について教えてください。

> **A** 取引時確認、取引記録等の保存、疑わしい取引の届出等の措置を特定事業者が的確に行うためには、①取引時確認をした事項に係る情報を最新の内容に保つための措置を講じるほか、②使用人に対する教育訓練の実施、③取引時確認等の措置の実施に関する規程の作成、④統括管理者の選任、⑤リスク評価、情報収集、記録の精査、⑥リスクの高い取引を行う際の対応、必要な能力を有する職員の採用、⑦取引時確認に係る監査の実施に努めなければなりません。

1．取引時確認等を的確に行うための措置

特定事業者は、取引時確認、取引記録等の保存、疑わしい取引の届出等の措置（以下、「取引時確認等の措置」）を的確に行うため、取引時確認をした事項に係る情報を最新の内容に保つための措置を講ずるものとするほか、次に掲げる措置を講ずるように努めなければならないものとされています（犯収法11条）。

> ① 使用人に対する教育訓練の実施
> ② 取引時確認等の措置の実施に関する規程の作成
> ③ 取引時確認等の措置の的確な実施のために必要な鑑査その他の業務を統括管理する者の選任
> ④ その他犯収法3条3項に規定する犯罪収益移転危険度調査書の内容を勘案して講ずべきものとして主務省令で定める措置

そして、犯収法11条4項を受け、取引時確認等を的確に行うための措置として、次の内容が規定されています（犯収法施行規則32条1項1〜7号）。

① 自らが取り扱う取引のリスク評価およびその分析結果の書面化（1号）

② 必要な情報収集・分析（2号）

③ 保存している確認記録・取引記録等の継続的な精査（3号）

④ リスクの高い取引を行う際の統括管理者の承認（4号）

⑤ リスクの高い取引について行った情報収集・分析の結果の書面化・保存（5号）

⑥ 必要な能力を有する職員の採用（6号）

⑦ 取引時確認等に係る監査の実施（7号）

2．特定事業者に求められる具体的な措置

　特に重要なのは犯収法施行規則32条各号に定められている措置です。

　同規則32条1号において作成することとされているリスク評価書面等（以下、「特定事業者作成書面等」）には、特定事業者において、自らが行う取引についてのマネー・ローンダリングのリスクを評価したものを記載することとされています。具体的には、国家公安委員会が作成する犯罪収益移転危険度調査書の関係部分を基に、必要に応じて各事業者特有のリスク要因を加味した書面を作成することが想定されます。

　2号および3号は、特定事業者が1号の規定により作成した特定事業者作成書面等の内容を勘案し、自ら行う取引のリスクの高低に応じて、必要な情報の収集や整理・分析を行い、確認記録・取引記録等を継続的に精査することを想定しています。

　4号は、高リスクの取引を行うに際しては、統括管理者の承認を受けるべきことを規定しています。

　5号は、高リスク取引に係る情報を収集、整理および分析したものの結果を記載した書面等の作成・保存について規定しています。

　6号は、取引時確認等の措置を的確に行うために必要な能力を有する者を採用することを規定しています。具体的には、犯罪収益移転危険度調査書の内容を勘案し、例えば、属性としてリスクが高いとされる反社会的勢

力を採用しないことや、採用後の教育訓練と相まって犯罪収益移転危険度調査書の内容を勘案した取引時確認等の措置を的確に行う能力を身につける素養のある者を採用することが考えられます。

　7号は、監査について規定したものです。ガイドラインでは、内部監査部門は、「3つの防衛線（three lines of defense）」の中の第3の防衛線（第3線）として位置付けられ、第1線として位置付けられる営業部門、および第2線として位置付けられるコンプライアンス部門やリスク管理部門等の管理部門が適切に機能しているか、更なる高度化の余地はないかなどについて、これらと独立した立場から、定期的に検証していくことが求められています。

　また、内部監査部門は、独立した立場から、全社的なマネロン等対策に係る方針・手続・計画等の有効性についても定期的に検証し、必要に応じて、方針・手続・計画等の見直し、対策の高度化の必要性を提言・指摘することが求められます。

第4章

疑わしい取引の
届出

Q&A

Anti-Money
Laundering and
Counter Financing of
Terrorism

Q40

犯収法に基づく疑わしい取引の届出制度の概要を教えてください。

> **A** 疑わしい取引の届出制度は、特定事業者から犯罪による収益に係る疑わしい取引に関する情報を集約してマネー・ローンダリング犯罪またはその前提犯罪の捜査に役立てることを主な目的とするものであり、本人特定事項の確認や確認記録・取引記録の作成・保存義務と同様に、FATF勧告に基づき、各国に対して導入が求められている制度です。

1. 疑わしい取引の届出制度の沿革

　疑わしい取引の届出制度は、本人特定事項の確認や確認記録・取引記録の作成・保存義務と同様に、FATF勧告に基づき、各国に対して導入が求められている制度です。わが国では、「ウタトリ」という略称で呼ばれることも多い制度ですが、海外では、一般に「SAR」（Suspicious Activity Report）または「STR」（Suspicious Transaction Report）と呼ばれています。

　わが国では、平成4（1992）年の麻薬特例法の施行により、金融機関等に対して薬物犯罪収益に関する疑わしい取引の届出制度が創設されました。その後、平成12（2000）年の組織的犯罪処罰法（組織的な犯罪の処罰及び犯罪収益の規制等に関する法律）の施行により、疑わしい取引の届出の対象となる犯罪が薬物犯罪から一定の重大犯罪に拡大されています。

　疑わしい取引の届出は年々増加しており、個別事件の直接的端緒としてだけでなく、犯罪被害財産の発見や、暴力団の資金源の把握に役立つなど、組織犯罪対策を推進する上で重要な情報源となっています。

　こうした背景から、組織的犯罪処罰法では、金融機関等に対して疑わしい取引の届出が義務付けられていましたが、平成20（2008）年3月の犯罪収益移転防止法の施行により、士業者を除く金融機関等以外の一定の事業

者にも適用範囲が拡大されました（犯収法８条）。

２．疑わしい取引の届出制度の内容

　疑わしい取引の届出の制度は、犯罪収益等の仮装、隠匿等のマネー・ローンダリング行為が、金融機関等の特定事業者における特定業務を利用して行われたり、犯罪による収益の移転に利用されやすいことに鑑み、特定事業者から犯罪による収益に係る疑わしい取引に関する情報を集約してマネー・ローンダリング犯罪またはその前提犯罪の捜査に役立てることを主目的としています。また、あわせて、犯罪者によって特定事業者が利用されることを防止し、特定事業者に対する信頼を確保しようとするものです。

　特定事業者から届け出られた疑わしい取引に関する情報は、国家公安委員会・警察庁で集約して、整理・分析することにより、マネー・ローンダリング犯罪や各種犯罪の捜査等に活用されることになります。

【図表10】疑わしい取引に関する情報の活用

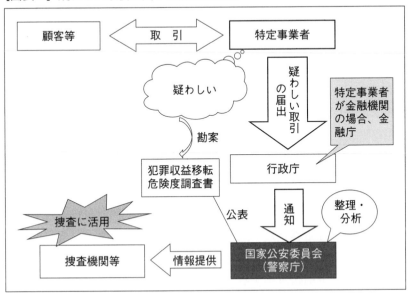

（出所）JAFIC「犯罪収益移転防止法の概要」（令和２年10月１日時点）

Q41

疑わしい取引とは、どのような取引ですか？

A 犯収法8条により、金融機関等の特定事業者は、①特定業務において収受した財産が犯罪による収益である疑いがある場合または②顧客等が特定業務に関し組織的犯罪処罰法10条の罪もしくは麻薬特例法6条の罪に当たる行為を行っている疑いがあると認められる場合に、疑わしい取引の届出が必要とされています。

1．疑わしい取引とは

　犯収法上、届出が必要となる「疑わしい取引」は、次のように規定されています（犯収法8条）。

> ①　特定業務に係る取引において収受した財産が犯罪による収益である疑いがあると認められる場合
> 　または、
> ②　顧客等が特定業務に係る取引に関し組織的犯罪処罰法10条の罪もしくは麻薬特例法6条の罪に当たる行為を行っている疑いがあると認められる場合

2．判断の対象となる「特定業務に係る取引」

　「特定業務」とは、犯収法4条に規定されている特定業務であり、金融機関の場合、金融業務の全般を指します。そのため、取引時確認・確認記録保存の対象となる特定取引以外の取引についても届出の対象となり得ますので、留意が必要です。

　例えば、特定取引に該当することとならない敷居値未満の取引であっても、上記①または②に該当する場合については疑わしい取引の届出を行う

必要があります。

3．上記①の場合

　「犯罪による収益」とは、組織的犯罪処罰法2条4項に規定する「犯罪収益等」または麻薬特例法2条5項に規定する「薬物犯罪収益等」のことを指します。組織的犯罪処罰法2条4項では、「犯罪収益等」とは、「犯罪収益」、「犯罪収益に由来する財産」、または「これらの財産とそれ以外の財産とが混和した財産」を指すとされています。

　「犯罪収益」の中心となるのは、組織的犯罪処罰法2条2項1号に規定する別表に掲げる犯罪行為により生じ、もしくは当該犯罪行為により得た財産またはその報酬として得た財産です。例えば、殺人、強盗、恐喝、詐欺、貸金業法違反（無登録営業等）などの重大な犯罪や暴力団等の資金源となる犯罪などが含まれています。なお、これらの犯罪は組織的に行われたか否かは問いません。このほか、平成13（2001）年の米国同時多発テロ事件を受けて制定された「公衆等脅迫目的の犯罪行為のための資金の提供等の処罰に関する法律」に規定する資金提供罪に係る資金（テロ資金）についても「犯罪収益」に該当しますので、テロに関連する資金を収受した疑いがある場合も届出の対象となります。

　「犯罪収益に由来する財産」とは、犯罪収益の果実として得た財産、犯罪収益の対価として得た財産や犯罪収益の保有または処分に基づき得た財産を指します。例えば、犯罪収益を預金した際の利息や、窃盗により奪った犯罪収益である宝石を売却して得た代金などが該当します。

　「混和財産」とは、「犯罪収益」、「犯罪収益に由来する財産」とこれらの財産以外の財産が混和した財産をいいます。

4．上記②の場合

（1）組織的犯罪処罰法10条の罪もしくは麻薬特例法6条の罪

　組織的犯罪処罰法10条では、犯罪収益等の取得もしくは処分につき事実を仮装し、または犯罪収益等を隠匿した者を処罰の対象としています。麻薬特例法6条でも同様に、大麻や麻薬などの薬物犯罪により得た収益の仮

装、隠匿行為を処罰の対象としています。

（２）行為を行っている疑い

　疑わしい取引の届出については、特定事業者である金融機関と顧客との取引が成立したことは必ずしも必要ではなく、未遂に終わった場合や契約の締結を断った場合でも、届出の対象となります。

Q42

疑わしい取引に関して、ガイドライン上、対応が求められている事項について教えてください。

> **A** ガイドラインは、疑わしい取引の届出に関して、金融機関に対し、リスク管理態勢の強化のための同制度の活用、態勢の構築、疑わしい取引の該当性判断における考慮要素・判断方法、リスク低減措置等、7項目を「対応が求められる事項」として挙げています。また、届出の状況等の分析を考慮したリスク評価の実施も求められます。

1．ガイドラインにおける疑わしい取引の届出の位置付け

　ガイドラインは、疑わしい取引の届出について、犯収法に定める法律上の義務であり、同法上の特定事業者に該当する金融機関等が、同法に則って、届出等の義務を果たすことは当然であるとした上で、当該金融機関等にとっても、疑わしい取引の届出の状況等をほかの指標等と併せて分析すること等により、自らのマネー・ローンダリング・テロ資金供与リスク管理態勢の強化に有効に活用することができるとしています（ガイドラインⅡ－2（3）（ⅴ）「疑わしい取引の届出」）。

2．ガイドラインにおいて対応が求められる事項

（1）疑わしい取引の届出に関して対応が求められる事項

　ガイドラインは、疑わしい取引の届出に関する「対応が求められる事項」として、下記7項目を挙げています（ガイドラインⅡ－2（3）（ⅴ）「疑わしい取引の届出」）。

> ① 顧客の属性、取引時の状況その他金融機関等の保有している具体的な情報を総合的に勘案した上で、疑わしい取引の該当性について適切な検討・判断が行われる態勢を整備し、法律に基づく義務を履行するほか、届出の状況等を自らのリスク管理態勢の強化にも必要に応じ活用するこ

と

②　金融機関等の業務内容に応じて、ITシステムや、マニュアル等も活用しながら、疑わしい顧客や取引等を検知・監視・分析する態勢を構築すること

③　疑わしい取引の該当性について、国によるリスク評価の結果のほか、疑わしい取引の参考事例、自らの過去の疑わしい取引の届出事例等も踏まえつつ、外国PEPs該当性、顧客属性、当該顧客が行っている事業、顧客属性・事業に照らした取引金額・回数等の取引態様、取引に係る国・地域その他の事情を考慮すること

④　既存顧客との継続取引や一見取引等の取引区分に応じて、疑わしい取引の該当性の確認・判断を適切に行うこと

⑤　疑わしい取引に該当すると判断した場合には、疑わしい取引の届出を直ちに行う態勢を構築すること

⑥　実際に疑わしい取引の届出を行った取引についてリスク低減措置の実効性を検証し、必要に応じて同種の類型に適用される低減措置を見直すこと

⑦　疑わしい取引の届出を契機にリスクが高いと判断した顧客について、顧客リスク評価を見直すとともに、当該リスク評価に見合った低減措置を適切に実施すること

　上記①は、金融機関に対して、疑わしい取引の届出の制度を単に履行すべき義務としての位置付けにとどめることなく、リスクベース・アプローチにおけるリスクの特定や評価を行う際に届出状況を考慮することなどを通じて、自らのリスク管理態勢の強化に活用すべきことを求めているものです。

　上記②については、現状と課題（令和元（2019）年版）において、以下のような留意点が示されており、自金融機関が適切に対応できているか見直すことが必要でしょう。

（マニュアル検知）
・顧客と直接対面する第１線の役職員等による検証が重要。
・当該検証のためのマニュアル・チェックリスト等を策定するほか、疑わしい取引に関連する情報を収集・集約すること、及び疑わしい取引の参考事例等を活用した研修等を実施すること。
・一見客についても疑わしい取引の届出の要否を判断すること。
（システム検知）
・不審・不自然な取引のシナリオの有効性を定期的に検証することが重要。自社の誤検知数やパターンも継続的に検証すること。
・取引モニタリングシステムが検知した取引を第２線が十分に検証すること。
・捜査機関から照会を受けた取引について疑わしい取引の届出を検討すること。

　また、上記⑤は、金融機関に対して、疑わしい取引に該当すると判断した場合の届出を「直ちに」行う態勢の構築を求めていますが、これは犯収法８条１項において「速やかに……届け出なければならない」と規定されていることと比して、即時性が強化されているものです。この「直ちに」の解釈として、すでに疑わしい取引に該当すると判断している取引について、その判断から届出を行うまでに「１か月程度」を要する場合、「直ちに行う態勢を構築」しているとはいえないとの解釈が示されていますので（平成30年パブコメ回答134・135）、この解釈を踏まえ、できる限り早期に届出を行うことが重要です。

（２）疑わしい取引の届出の状況等の分析を考慮したリスク評価の実施

　以上に加え、2021年２月のガイドライン改正により、疑わしい取引の届出の状況等の分析を考慮したリスク評価の実施が、リスク評価における「対応が求められる事項」に加えられました（ガイドラインⅡ－２（２）「リスクの評価」）。

② 上記①の評価を行うに当たっては、疑わしい取引の届出の状況等の分析等を考慮すること
③ 疑わしい取引の届出の状況等の分析に当たっては、届出件数等の定量情報について、部門・拠点・届出要因・検知シナリオ別等に行うなど、リスクの評価に活用すること

疑わしい取引か否かの判断は、どのような項目に基づいて行えばよいですか？

A 疑わしい取引の届出の要否の判断は、取引時確認の結果、当該取引の態様その他の事情および犯罪収益移転危険度調査書の内容を勘案し、かつ、犯収法施行規則26条で定める項目に従って当該取引に疑わしい点があるかどうかを確認するなど、犯収法施行規則27条で定める方法により行わなければならないとされています。

1. 疑わしい取引か否かの判断

　特定事業者は、特定業務に係る取引が疑わしい取引に該当するかの判断を、当該取引に係る取引時確認の結果、当該取引の態様その他の事情および犯収法3条3項に規定する犯罪収益移転危険度調査書の内容を勘案しつつ、かつ、犯収法施行規則26条で定める項目に従って当該取引に疑わしい点があるかどうかを確認するなど、犯収法施行規則27条で定める方法により行わなければならないこととされています（犯収法8条2項）。

2. 犯罪収益移転危険度調査書

　犯罪収益移転危険度調査書とは、国によるリスク評価として国家公安委員会が、毎年、犯罪による収益の移転に係る手口その他の犯罪による収益の移転の状況に関する調査および分析を行った上で、特定事業者その他の事業者が行う取引の種別ごとに、当該取引による犯罪による収益の移転の危険性の程度その他の当該調査および分析の結果を記載し、公表しているものです（犯収法3条3項）。例えば、預金取扱金融機関については、a 預貯金口座、b 預金取引、c 内国為替取引、d 貸金庫、e 手形・小切手について、サービスの現状および悪用事例が公表されています。

　特定事業者は、当該取引に係る取引時確認の結果、当該取引の態様その他の事情に加え、この調査書の内容を勘案しつつ、特定業務に係る取引が

疑わしい取引に該当するかの判断を行わなければなりません。

3．犯収法施行規則26条

　疑わしい取引に該当するか否かの判断において、犯収法上では、以下の点を確認することとされています（犯収法施行規則26条１～３号）。また、これらの事項に基づき疑わしい点があるかどうかを確認するに当たっては、当該事業者の業種および規模に応じて必要と考えられる範囲で判断することとされています（平成27年パブコメ回答157）。

① 　当該取引の態様と特定事業者が他の顧客等との間で通常行う特定業務に係る取引の態様との比較（１号）

　→他の顧客の取引と比較して、疑わしい点がないかを検討することになります。

② 　当該取引の態様と特定事業者が当該顧客等との間で行った過去の他の特定業務に係る取引の態様との比較（２号）

　→当該顧客の過去の取引と比べて疑わしい点がないかを検討することとなります。なお、新規顧客の場合は、当該確認は不要となります（平成27年パブコメ回答159）。

③ 　当該取引の態様と取引時確認の結果その他特定事業者が当該取引時確認の結果に関して有する情報との整合性（３号）

　→取引時確認の結果や、その後の本人特定事項（氏名や住居等）のアップデートの結果等と比べて疑わしい点がないかを確認することになります。なお、「その他特定事業者が当該取引時確認の結果に関して有する情報」については、「例えば、取引時確認をした事項に係る情報を最新の内容に保つための措置を講じた結果把握した情報、当該顧客等について取引時確認が完了しているか否かに係る情報があります。」とされています（平成27年パブコメ回答160）。

4．ガイドラインにおいて対応が求められる事項

　ガイドラインでは、疑わしい取引の該当性について、国によるリスク評価の結果のほか、疑わしい取引の参考事例、自らの過去の疑わしい取引の届出事例等も踏まえつつ、外国PEPs該当性、顧客属性、当該顧客が行っている事業、顧客属性・事業に照らした取引金額・回数等の取引態様、取引に係る国・地域その他の事情を考慮しなければならないとされています（ガイドラインⅡ－2（3）（ⅴ）「疑わしい取引の届出」）。

疑わしい取引に該当するかは、どのような方法により確認すればよいですか。新規顧客との取引、既存顧客との取引、高リスク取引とで、判断方法はどのように異なりますか？

A 疑わしい取引に該当するかの判断方法については、犯収法施行規則27条により、新規顧客との取引（同条1号）、既存顧客との取引（同条2号）、高リスク取引（同条3号）に場合分けした形で規定されています。

1. 疑わしい取引に該当することの確認方法

犯収法施行規則27条では、疑わしい取引について、新規顧客との取引、既存顧客との取引、高リスク取引とに場合分けした上で、各場合における判断方法について規定しています。

その判断の際、全ての取引について一律に同じ深度でチェックすることが義務付けられるものではなく、リスクに応じた事業者の判断により、取引ごとのチェックの深度が異なることも許容されています。また、どのような頻度でこれを行うかについても、取引の内容等を勘案し、特定事業者において個別に判断する必要があります（平成27年パブコメ回答163）。

ガイドラインにおいても、既存顧客との継続取引や一見取引等の取引区分に応じて、疑わしい取引等の該当性の確認・判断を適切に行うことが、「対応が求められる事項」として挙げられています（ガイドラインⅡ-2（3）（ⅴ）「疑わしい取引の届出」）。

2. 新規顧客との取引（一見取引）の場合（高リスク取引の場合を除く）

犯収法施行規則26条に定める確認項目（Q43参照）に従って、疑わしい点があるかどうかを判断することになります（犯収法施行規則27条1号）。

3．既存顧客との取引の場合（高リスク取引の場合を除く）

①過去の確認記録、取引記録、犯収法施行規則32条1項2号および3号に掲げる措置により収集された情報（確認記録の内容を最新の内容に更新した情報等）その他の当該取引に関する情報を精査した上で、②同規則26条に定める確認項目に従って判断することになります。

4．高リスク取引の場合

①上記2または3に定める方法に加えて、②顧客等に対して質問を行ったり、取引時確認の際に顧客から申告を受けた職業等の真偽を確認するためにインターネット等を活用して追加情報を収集したりする等、必要な調査を行うこととするとともに、③上記の措置を講じた上で、当該取引に疑わしい点があるかどうかを統括管理者またはこれに相当する者に確認させることが必要とされています（ただし、承認の有無の証跡を残すことは義務付けられていません（平成27年パブコメ回答191））。

なお、ここでいう「統括管理者」とは、取引時確認等の措置（取引時確認、取引記録等の保存、疑わしい取引の届出等の措置）の的確な実施のために必要な業務を統括管理する者を指しますが、一人でなければならないということはなく、例えば、各支店・事業所ごとに選任することもあり得るとされています（平成27年パブコメ回答191）。また、統括管理者については、一律に基準があるものではありませんが、例えば、取引時確認等の措置について一定の知識や経験を有しつつ、一方で実際に取引に従事する者よりも上位の地位にあり、かつ、一定程度、独立した立場で業務を統括管理できる者が想定されています（平成27年パブコメ回答192）。

疑わしい取引の届出の方式には、どのようなものがありますか？

A ①電子申請システムによる届出（インターネット経由）②電磁的記録媒体による届出（書留または直接持参）③文書による届出（書留または直接持参）のいずれかの方式を選ぶことができますが、金融庁は、届出件数が増加する中で情報管理を強化し、業務を高度化・効率化をすすめる観点から、電子申請システムを利用した届出を積極的に推進しています。

1．届出の方式

　各事業者は、下記の①～③のいずれかの方式を選ぶことができるとされています。

① 電子申請システムによる届出（インターネット経由）

② 電磁的記録媒体による届出（書留または直接持参）

③ 文書による届出（書留または直接持参）

【図表11】疑わしい取引の届出のながれ

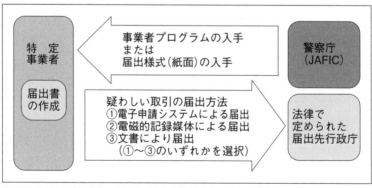

（出所）JAFIC「疑わしい取引の届出方法（令和2年12月）」より作成

　なお、金融庁は、各金融機関に対して、届出件数が増加する中で情報管理を強化し、業務を高度化・効率化していくとの観点から、①への移行を推奨しています。警察庁の「犯罪収益移転防止に関する年次報告書」によると、令和２年においては、全届出のうち99％が電子申請システムによる届出となっています。

２．電子申請システムによる届出（インターネット経由）

　警察庁が配布する事業者プログラムを使用して作成した届出票ファイル等および参考資料を画像ファイルにした電子データを提出用データにまとめた上で、届出先行政庁（金融機関の場合は、金融庁監督局総務課特定金融情報第２係）宛に、電子政府の総合窓口（e‐Gov）を経由して届け出るものです。

【図表12】インターネットによる届出のながれ

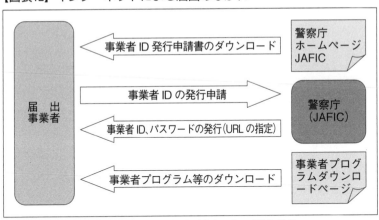

（出所）JAFIC「疑わしい取引の届出方法（令和２年12月）」抜粋

３．電磁的記録媒体による届出（書留または直接持参）

　事業者プログラムを使用して作成した届出票ファイル等を電磁的記録媒体に保存し、提出用ファイル、届出票ファイル等を印刷したものおよび参考資料の写しとともに、届出先行政庁（金融機関の場合は、金融庁監督局

総務課特定金融情報第2係）に郵送もしくは持ち込みで届け出るものです。

4．書面による届出（書留または直接持参）

疑わしい取引を文書で届け出るものです。

【図表13】書面による届出のながれ

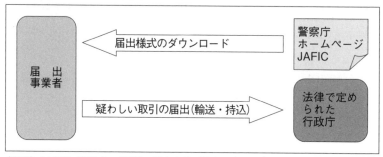

（出所）JAFIC「疑わしい取引の届出方法（令和2年12月）」抜粋

Q46

銀行や信用金庫などの預貯金取扱金融機関において、
疑わしい取引に該当する可能性のある取引として、
特に注意を払うべき取引の類型を教えてください。

> **A** 金融庁のウェブサイトにおいて、疑わしい取引の参考事例集が
> 公開されています。

1. 金融庁公表「疑わしい取引の参考事例」の類型

　金融庁は、ウェブサイト（http://www.fsa.go.jp/str/jirei/index.html）
上で、預金取扱金融機関、保険会社、金融商品取引業者および暗号資産
（仮想通貨）交換業者が、それぞれ疑わしい取引の届出義務を履行するに
当たり、疑わしい取引に該当する可能性のある取引として特に注意を払う
べき取引の類型を「疑わしい取引の参考事例」として公開しています。そ
のなかで、預貯金取扱金融機関については、「疑わしい取引の参考事例
（預金取扱い金融機関）」として、下記のとおり大きく8つの分類を掲載し
ています。

第1　現金の使用形態に着目した事例
　例）①（顧客の収入、資産等に照らして）多額の入出金取引、②短期間
　　　のうちに頻繁に行われる多額の入出金取引　等
第2　真の口座所有者を隠蔽している可能性に着目した事例
　例）①架空名義口座又は借名口座であるとの疑いが生じた口座を使用し
　　　た入出金、②口座名義人である法人の実体がないとの疑いが生じた
　　　口座を使用した入出金、③名義・住所ともに異なる顧客による取引
　　　にもかかわらず、同一のIPアドレスからアクセスされている取引、
　　　④同一の携帯電話番号が複数の口座・顧客の連絡先として登録され
　　　ている場合　等
第3　口座の利用形態に着目した事例

例）①口座開設後、短期間で多額又は頻繁な入出金が行われ、その後、解約又は取引が休止した口座に係る取引、②多額の入出金が頻繁に行われる口座に係る取引、③異なる名義の複数の口座からの入出金が、同一の時間帯又は同一の現金自動支払機を用いて頻繁に行われるなどの第三者による口座の管理等が疑われる取引、④口座開設時に確認した事業規模等と照らし、給与振込額等が不自然な取引　等

第4　債券等の売買の形態に着目した事例

例）①大量の債券等を持ち込み、現金受渡しを条件とする売却取引、②第三者振出しの小切手又は第三者からの送金により債券等の売買の決済が行われた取引　等

第5　保護預り・貸金庫に着目した事例

例）頻繁な貸金庫の利用　等

第6　外国との取引に着目した事例

例）①他国への送金にあたり、虚偽の疑いがある情報又は不明瞭な情報を提供する顧客に係る取引、②短期間のうちに頻繁に行われる他国への送金で、送金総額が多額にわたる取引、③経済合理性のない目的のために他国へ多額の送金を行う取引、④貿易書類や取引電文上の氏名、法人名、住所、最終目的地等情報が矛盾した取引、⑤小規模な会社が、事業内容等に照らし、不自然な技術的専門性の高い製品等を輸出する取引　等

第7　融資及びその返済に着目した事例

例）①延滞していた融資の返済を予定外に行う取引、②融資対象先である顧客以外の第三者が保有する資産を担保とする融資の申込み

第8　その他の事例

例）①公務員や会社員がその収入に見合わない高額な取引を行う場合、②複数人で同時に来店し、別々の店頭窓口担当者に多額の現金取引や外国為替取引を依頼する一見の顧客に係る取引、③資金の源泉や最終的な使途について合理的な理由があると認められない非営利団体との取引、④腐敗度が高いとされている国・地域の外国PEPと

の取引　等

2．参考事例の参照における留意点

　以上のことから、預貯金取扱金融機関は、疑わしい取引の届出の要否を判断するに当たっては、Q43で解説した犯罪収益移転危険度調査書の内容や犯収法施行規則26条で定める内容に加え、参考事例に照らしながら、当該判断の疑わしい取引該当性について検討することが必要となります。

　もっとも、参考事例は、あくまで目安となる参考事例を例示したものにすぎませんので、参考事例に形式的に合致するものが全て疑わしい取引に該当するものではない一方、参考事例に該当しない取引であっても、特定事業者が疑わしい取引に該当すると判断したものは届出の対象となることに留意が必要です。

第5章

海外取引を行う場合の
留意点

Q&A

Anti-Money
Laundering and
Counter Financing of
Terrorism

海外送金を行う場合に、窓口職員としては、マネロ
ン・テロ資金供与対策としてどのような点に留意す
べきですか？

> **A** 送金取引を受け付けるに当たっては、個々の顧客および取引に
> 不自然・不合理な点がないか等につき、確認・調査する必要が
> あります。
> 確認・調査の結果、不自然・不合理な点が認められた場合には、顧客
> に聞き取りを行い、信頼に足る証跡を求めるなどして、追加で顧客・取
> 引に関する実態確認・調査を行う必要があります。また、当該確認・調
> 査結果等を営業店等の長や本部の所管部門長等に報告し、個別に取引の
> 承認を得る必要があります。

1．海外送金におけるマネロン等リスク

　海外送金は、国外のマネー・ローンダリング・テロ資金供与リスクの高
い法人・個人や国、地域等に直接的に資金を移動させる手段となり得るも
のであり、また、複数の国にまたがり関係当事者が多く存在し、一金融機
関等が取引全体をモニタリングすることが困難であることなどから、マ
ネー・ローンダリング・テロ資金供与リスクが高い取引類型の典型と考え
られています。

2．窓口における留意点

　そのため、海外送金に携わる金融機関の窓口職員としては、以下のよう
な点に留意し、上長や本部の指示に従い、マネー・ローンダリングやテロ
資金供与として行われる海外送金取引を未然に防止し、マネー・ローンダ
リングやテロ資金供与が疑われる場合には、速やかに「疑わしい取引の届
出」（第4章参照）を行う必要があります。

[確認事項の概要]
○　送金取引を受け付けるに当たって、営業店等の職員が、個々の顧客及び取引に不自然・不合理な点がないか等につき、下記その他自らの定める検証点に沿って、確認・調査することとしているか。
(検証点の例示（抄）)
　・送金申込みのあった支店で取引を行うことについて、合理的な理由があるか
　・顧客又はその実質的支配者は、マネロン・テロ資金供与リスクが高いとされる国・地域に拠点を置いていないか
　・短期間のうちに頻繁に行われる送金に当たらないか
　・顧客の年齢や職業・事業内容等に照らして、送金目的や送金金額に不合理な点がないか
　・口座開設時の取引目的と送金依頼時の送金目的に齟齬がないか
　・これまで資金の動きがない口座に突如多額の入出金が行われる等、取引頻度及び金額に不合理な点がないか
○　上記の検証点に該当する場合その他自らが定める高リスク類型に該当する取引について、営業店等の職員において、顧客に聞き取りを行い、信頼に足る証跡を求める等により、追加で顧客・取引に関する実態確認・調査をすることとしているか。また、当該確認・調査結果等を営業店等の長や本部の所管部門長等に報告し、個別に取引の承認を得ることとしているか。

（出所）金融庁「金融機関等における送金取引等についての確認事項等について」（平成30年 3 月30日）

【図表14】送金取引における必要な検証等のイメージ

(参考) 金融機関等において必要な検証等のイメージ

営業店の窓口やシステム等による顧客情報・取引情報の確認・検証	検証・調査結果に基づくリスク判断	顧客受入れ・取引実行等の判断
検証点の例示 ・送金申込みのあった支店で取引を行うことについて、合理的な理由があるか ・顧客等は、マネロン・テロ資金供与リスクが高いとされる国・地域に拠点を置いていないか ・短期間のうちに頻繁に行われる送金に当たらないか　等	**検証点に沿って疑義がある場合** 疑義に関する合理性を確認する証跡を求める。 **承認等に関する権限** 上席・本部において、必要な証跡を含め検討・判断する。（検知や抽出基準・報告基準の整備の必要）	**継続的な顧客管理** モニタリングのシナリオ・敷居値等の調整、調査頻度の増加等

（出所）金融庁「マネー・ローンダリング及びテロ資金供与対策の現状と課題」（平成30年 8 月17日）

Q48

輸出入取引におけるマネロン・テロ資金供与対策として、金融機関にはどのような対応が求められますか？

> **A** 輸出入取引等に係る資金の融通および信用の供与等に係るリスクの特定・評価に当たっては、輸出入取引に係る国・地域のリスクのみならず、取引等の対象となる商品、契約内容、輸送経路、利用する船舶等、取引関係者等（実質的支配者を含む）のリスクも勘案し、自金融機関がさらされているリスクを適切に分析した上で、必要となるシステムを構築するなどして適切なリスク低減措置をとることが求められています。

1．輸出入取引におけるマネロン等リスク

　輸出入取引は、国内の取引に比べ、実地確認が困難であることが多く、そのような特性を悪用し、輸出入取引を仮装し、また実際の取引価格に金額を上乗せして支払うなどして犯罪収益等のアングラマネーを移転することが容易です。また、輸出入関係書類の虚偽記載等によって、軍事転用物資や違法薬物の取引等にも利用される危険性を有しています。

　基本的な手口としては、以下のような手口があります。

---
① 　商品やサービスの対価を過大または過小に請求する
② 　１つの商品やサービスの対価を複数回請求する
③ 　商品やサービスを過剰または過小に提供する
④ 　貿易書類に商品やサービスに関して虚偽の記載をする

2．ガイドラインにおける対応が求められる事項／対応が期待される事項

　以上のような輸出入取引のリスクを踏まえ、2021年2月19日に行われたガイドラインの改正においては、「輸出入取引等に係る資金の融通及び信用の供与等」の項目が新設され、金融機関には、以下のような対応が求め

られ、また期待されることになりました（ガイドラインⅡ－2（4）（ⅱ）「輸出入取引等に係る資金の融通及び信用の供与等」）。

【対応が求められる事項】

① 輸出入取引等に係る資金の融通及び信用の供与等に係るリスクの特定・評価に当たっては、輸出入取引に係る国・地域のリスクのみならず、取引等の対象となる商品、契約内容、輸送経路、利用する船舶等、取引関係者等（実質的支配者を含む）のリスクも勘案すること

【対応が期待される事項】

a．取引対象となる商品の類型ごとにリスクの把握の鍵となる主要な指標等を整理することや、取扱いを制限する商品及び顧客の属性をリスト化することを通じて、リスクが高い取引を的確に検知すること

b．商品の価格が市場価格に照らして差異がないか確認し、根拠なく差異が生じている場合には、追加的な情報を入手するなど、更なる実態把握等を実施すること

c．書類受付時に通常とは異なる取引パターンであることが確認された場合、書類受付時と取引実行時に一定の時差がある場合あるいは書類受付時から取引実行時までの間に貿易書類等が修正された場合には、書類受付時のみならず、修正時及び取引実行時に、制裁リスト等と改めて照合すること

d．輸出入取引等に係る資金の融通及び信用の供与等の管理のために、ITシステム・データベースの導入の必要性について、当該金融機関が、この分野において有しているリスクに応じて検討すること

●著者紹介

國吉　雅男（くによし・まさお）
弁護士法人中央総合法律事務所　代表社員弁護士（パートナー）。
京都大学経済学部卒業。2011年7月～2013年12月金融庁監督局総務課（法令等遵守調査室を併任）にて勤務。金融レギュレーション、金融機関のM＆A、金融機関のコンプライアンス事案をはじめとする様々な法的ニーズに対応しているほか、金融庁においてAML/CFT対応を担当していた経験を生かし、各種金融機関に対しAML/CFT対応に係る法的アドバイスの提供を日常的に行っている。

金澤　浩志（かなざわ・こうじ）
弁護士法人中央総合法律事務所　代表社員弁護士（パートナー）。
京都大学法学部、ノースウェスタン大学ロースクール卒業（LL.M. with honors）。日本・NY州弁護士。2014年1月～2015年12月金融庁監督局総務課（国際監督室等兼務）。近時の論文として、「全銀協『マネー・ローンダリング及びテロ資金供与対策に関するガイドラインを踏まえた普通預金規定・参考例』に関する諸問題の検討」（『銀行法務21』843号）等があり、AML/CFT対応を含む総合的な金融機関へのアドバイス業務に従事している。

髙橋　瑛輝（たかはし・えいき）
弁護士法人中央総合法律事務所　社員弁護士（パートナー）
京都大学法学部卒業、京都大学法科大学院修了。2011年弁護士登録。2016年金融庁監督局総務課課長補佐（国際監督室等を併任）、2018年モニタリング管理官、金融証券検査官を経て、同年弁護士法人中央総合法律事務所に復帰。著作として「マネロン・テロ資金供与対策の実効性向上のために―実務対応上の留意点と課題」（『銀行法務21』837号）等があり、AML/CFTを中心に、金融機関のコンプライアンスに関するアドバイス等を行っている。

（初版　共著者）

小宮　俊（こみや・しゅん）
弁護士法人中央総合法律事務所　弁護士。
慶應義塾大学法学部法律学科卒業、慶應義塾大学大学院法務研究科修了。2016年弁護士登録。2018年4月～2020年3月金融庁監督局総務課課長補佐（2018年4月～マネロン・テロ資金供与対策企画室を併任）、2020年4月～2021年3月同局銀行第二課課長補佐を経て、同年4月弁護士法人中央総合法律事務所に復帰。金融関係の企業法務や訴訟対応に取り組むほか、金融機関に対するマネー・ローンダリング及びテロ資金供与対策にかかる相談対応を行っている。

金融機関行職員のための
マネー・ローンダリング対策Ｑ＆Ａ［第3版］

2018年3月20日	初版第1刷発行	著　者	國　吉　雅　男
2019年8月30日	第9刷発行		金　澤　浩　志
2019年12月15日	第2版第1刷発行		髙　橋　瑛　輝
2020年11月25日	第2刷発行		
2021年5月10日	第3版第1刷発行	発行者	志　茂　満　仁
6月16日	第2刷発行	発行所	㈱経済法令研究会
2022年7月20日	第3刷発行		
2023年3月25日	第4刷発行		

〒162-8421　東京都新宿区市谷本村町3-21
電話 代表 03(3267)4811　制作 03(3267)4823
https://www.khk.co.jp/

営業所／東京03(3267)4812　大阪06(6261)2911　名古屋052(332)3511　福岡092(411)0805

表紙デザイン／清水裕久（Pesco Paint）　制作／西牟田隼人　印刷・製本／日本ハイコム㈱

©Masao Kuniyoshi, Koji Kanazawa, Eiki Takahashi 2021　Printed in Japan　ISBN978-4-7668-2472-8

☆　**本書の内容等に関する追加情報および訂正等について**　☆
本書の内容等につき発行後に追加情報のお知らせおよび誤記の訂正等の必要が生じた場合には、当社ホームページに掲載いたします。
（ホームページ　書籍・DVD・定期刊行誌 メニュー下部の　追補・正誤表 ）